本辑焦点：文化混搭心理研究-II (Psychological Studies of Cultural Mixing-II)

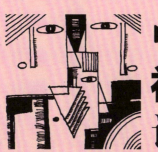

中国
社会心理学
评论

第12辑

Chinese Social Psychological Review

(Vol.12)

○ 杨宜音 / 主编

吴　莹
赵志裕 / 本辑特约主编

刘力　王俊秀 / 副主编

社会科学文献出版社　SOCIAL SCIENCES ACADEMIC PRESS (CHINA)

中国社会心理学评论
编辑委员会

主编简介

杨宜音　博士，中国社会科学院社会学研究所社会心理学研究中心主任、研究员、博士生导师，中国社会心理学学会理事长（2010～2014），《中国社会心理学评论》主编。2016年起任哈尔滨工程大学人文与社会科学学院教授、博士生导师，中国传媒大学新闻传播学院传播心理研究所教授、博士生导师。主要研究领域为社会心理学，包括人际关系、群己关系与群际关系、社会心态、价值观及其变迁等。在学术期刊和论文集中发表论文100余篇。代表作有：《"自己人"：一项有关中国人关系分类的个案研究》［（台北）《本土心理学研究》2001年总第13期］、《个人与宏观社会的心理联系：社会心态概念的界定》（《社会学研究》2006年第4期）、《关系化与类别化：中国人我们概念形成的社会心理机制》（《中国社会科学》2008年第4期）。

电子信箱：cassyiyinyang@126.com。

本辑特约主编简介

吴 莹 博士，2013 年在中国社会科学院研究生院社会学系获博士学位，现任中央民族大学民族学与社会学学院副教授、硕士生导师。主要研究领域为文化社会心理学、群际关系心理学。曾主持国家社会科学基金、北京市社会科学基金等多项课题。在《国际文化关系学刊》（*International Journal of Intercultural Relations*）、《社会学研究》、《心理科学进展》、《青年研究》等学术期刊上发表多篇论文，相关学术论文曾被《中国社会科学文摘》《人大复印资料》转载。

电子信箱：nolung@ 163. com。

赵志裕 博士，1994 年在哥伦比亚大学获文学硕士、哲学硕士、哲学博士学位。曾任教于香港大学、伊利诺伊大学香槟分校、新加坡南洋理工大学、香港中文大学。2012 年入选哲学社会科学"千人计划"国家级特聘教授，在中国社会科学院社会学研究所工作三年，现任香港中文大学社会科学学院院长。研究领域为文化社会心理学、群体过程以及语言与认知。曾在国际权威心理学期刊发表论文 100 余篇，代表著作为 *Social Psychology of Culture*，2011 年被翻译成中文出版。2004～2007 年担任《亚洲社会心理学刊》副主编，2008 年至今任《文化与心理的进展》编辑，哈佛大学出版社《文化与心理的新进展》《文化与心理前沿》丛书编辑，其间还担任了《人格心理学杂志》副主编、《社会认知》杂志专题编辑等。2006 年至今还曾担任《人格与社会心理学杂志》《中华心理学刊》《跨文化心理学杂志》等刊物的顾问，《心理学报》《美国心理学杂志》《美国心理学家》等刊物的特约审稿人，也是《中国社会心理学评论》海外编委。

电子信箱：cychiu@ cuhk. edu. hk。

中国社会心理学评论 第 12 辑
2017 年 6 月出版

目　录
CONTENTS

中国社会心理学评论　第 12 辑
第 1 ~ 10 页
© SSAP, 2017

文化混搭心理研究与现实中国
社会的发展*

（卷首语）

吴　莹　赵志裕　杨宜音**

摘　要： 自文化混搭心理研究范式提出后，研究者们不仅将其应用在探讨全球化过程中的文化与社会变迁中，还运用这一范式关注中国现实社会发展过程，探究中国社会文化变迁中人们特有的心理及行为机制。本刊收录的八篇论文大多采用实证研究范式，研究内容涵盖诸多理论与应用研究领域，探讨了不同文化混搭情境中的地位感知对创造力的影响、文化价值观与族群关系认知、文化适应过程、文化排斥反应、政治参与效能感、文化规范与权威认同等领域的问题。本文进一步强调以上研究的社会现实性，并试图进一步凸显文化混搭心理研究对深入探究中国社会发展的现实意义。

关键词： 文化混搭心理研究　中国社会发展　社会变迁　外部效度

---

* 感谢诸位匿名审稿专家给予本辑每篇论文的修改建议，观点的碰撞、思想的交流使本辑论文去粗取精，中心更明确，观点更突出。
本文受国家社科基金（项目号：15BSH082、13ASH009）、北京社科基金（项目号：14SH-B024）及中央民族大学双一流学科建设经费 - 社会学（项目号 10301 - 016014070102）资助，特此感谢。

** 吴莹，中央民族大学民族学与社会学学院，副教授，硕士生导师。通信作者：赵志裕，香港中文大学心理学系，教授，博士生导师，Email：cychiu@ cuhk. edu. hk；杨宜音，哈尔滨工程大学人文与社会科学学院，教授，博士生导师，中国社会科学院社会学研究所，研究员。

一　文化混搭心理研究：对高速发展的中国社会之回应

2011 年，中国的城市化率达到 51.3%，这是中国城市化率首次超越 50%。城市化率是衡量社会发展水平的重要指标，有研究者（高珮义，2004）指出，50% 是城市化过程的节点，超过这个节点，社会发展将会达到较高水平，城市文化普及最快，城市辐射力最强，城市问题与社会矛盾不断积累并被激化。也有研究（李璐颖，2013）通过对比英国、德国、美国、巴西、中国和印度等国家城市化率达到 50% 时的经济水平、社会保障、意识形态、文化观念等各项发展指标，发现各国虽然城市化率达到 50% 时的年份不同（例如英国是 1851 年，美国是 1920 年，日本是 1955 年，巴西是 1965 年），但其各自的社会状况具有惊人的相似之处：处于 30%~50% 的快速城市化阶段的城市，其社会状况表现为经济水平高速发展，社会矛盾突出，文化与价值观发生巨大的转型与变迁；在 50%~70% 的稳步发展阶段，社会状况又表现为偏重社会发展，重视社会保障与公共产品建设，重视文化艺术的发展，并开始应对价值观冲突与转型等。

社会发展带来的心理变化是近年来世界范围内社会心理学家关注的焦点，同时也是中国社会心理学家在目睹与体悟中国社会高速发展之后想要探索的课题。宏观的经济水平变化、制度的转型、环境的变化都是反映社会变迁的客观指标，这些客观变化在个体心理水平上又能烙下怎样的印记？它们将会引发怎样的心理与行为的变化？美国学者罗纳德·英格尔哈特（Ronald Inglehart）主持的世界价值观调查（World Values Survey，WVS）是一个很好的探索社会发展阶段与价值观变迁的研究案例，该项研究通过数年多次在全球 93 个国家的调查发现，现代化进展给人们带来物质的丰裕，而物质满足与生存安全保障将会改变人们的人生目标、信念与价值取向，使人们实现从传统价值观（traditional values）到世俗理性价值观（secular-rational values）的转变，也会导致从满足基本生存需求的价值观（survival values）到自由表达价值观（self-expression values）的转变（Inglehart，1997）。该研究因其对社会发展现状敏锐的观察、对世界价值观清晰而简捷的分类及调查数据的翔实丰富而在多个学科中引发广泛的反响与回应。

文化混搭心理研究也是对社会发展及变迁的有力回应。在快速的社会发展中，文化间的混杂与碰撞既可以产生创新与创意，也可能产生污染、排斥与抗拒（Chiu, Gries, Torelli, & Cheng, 2011）；文化有区隔的功能，在互动中凸显边界、区隔群体、划分等级与地位、制造群际冲突，为内群体成员提供情感依恋与生命意义解释，也使内群体成员因担忧文化纯洁性而做出排斥外文化的反应；文化间接触又可以强化文化天生具备的生长性、过程性与建构性，使之在相融与共生中生产出新的文化（吴莹，2016）。文化混搭可能发生在物质性领域，也可能发生在象征性与神圣性领域，人们对物质领域的文化混搭产品更宽容，象征性与神圣性文化领域的混搭被人们拒斥，引发冲突与争端（彭璐珞，2013）。作为人们实践与共享的知识体系，文化涵括范围广泛，既可指在家庭、单位、组织等小群体中共享的知识话语，也可以指学科、性别、族群甚至国家范围内共享的价值与行为规范（Chiu, Kwan, & Liou, 2013）。因而文化混搭也是探究中国当下现实问题的切入点，探讨中国社会转型中传统与现代文化观念交锋、不同阶层地位群体间的文化碰撞，不同性别群体观念差异，族群间心理与行为方式的沟通，其间渗透出的社会变迁、权力与地位关系、社会融合与文化适应、全球化与本土化等问题均是对中国现实社会的观照。

二　本辑内容概要：关注中国社会问题的文化混搭心理研究

　　在本刊第九辑文化混搭心理研究 - I 中，赵志裕、吴莹和杨宜音（2015）曾撰文指出，文化混搭作为文化与心理研究的新里程、新思维，为社会心理学与文化研究提供了新的契机与基础。第九辑中的多位作者曾围绕着"文化混搭与文化会聚心理"这一主题探讨了人们对文化混搭的不同反应、影响文化混搭反应的因素、文化混搭对人们自我及身份认同的建构以及文化混搭与社会变迁的关系等（彭璐珞、赵娜，2015；邹智敏、江叶诗，2015；杨宜音，2015；吴莹，2015；谢天，2015；张楠、彭泗清，2015；陈咏媛、康萤仪，2015），这些论文以理论建构、观点整合为主，对文化混搭心理研究进行了开创性探索。

　　文化与社会心理学的研究经历了不同的发展阶段：对文化进行类型区分与维度分类的跨文化心理研究范式、细致深描某一文化对心理过程特殊影响的文化心理学范式，强调不同文化情境激活人们特定认知模式的多元文化心理研究范式以及从社会历史发展视角，强调文化间关联对心理过程影响的文化会聚心理研究范式（赵志裕、吴莹、杨宜音，2015）。在对以往文化与社会心理学研究范式的回顾中，赵志裕等人提出了"文化会聚心理学"（psychology of polyculturalism）的研究范式及理念，以便区别于已有关于文化的社会心理研究，进一步将视野聚焦于全球化与社会变迁引发心理变化的现实中，使社会心理学研究对社会现实更富有解释力（Morris, Chiu, & Liu, 2015；赵志裕、吴莹、杨宜音，2015）。

自 2015 年本刊第九辑成稿至今，文化混搭心理研究在回应全球化与社会变迁问题中积累了较为丰富的成果，发展出一系列关于文化混搭心理的实证研究，一部分成果发表在国际知名文化与社会心理研究刊物《跨文化心理学刊》（*Journal of Cross-Culture Psychology*）2016 年第 10 期的文化混搭心理研究专刊中，聚焦全球范围内的文化混搭心理现象；另一部分成果便是在本辑中刊出的八篇研究论文，集中对中国社会当下的文化混搭心理现象进行研究，体现了诸位作者对当下中国社会文化心理的观察、思考、体悟与探索。

本辑收录的论文有以下特点。

第一，研究问题紧紧围绕着当下中国社会中的文化混搭心理现象，具有强烈的现实性。

第二，研究范式以社会心理学传统实证研究为主，研究方法大多为定量研究，包括心理实验法、问卷法，也有两篇论文尝试了定量研究与定性研究相结合的研究方法（见本辑《汉语二语者文化混搭性及文化适应的情感特征、影响与缓冲机制》和《多元文化经验增强外文化排斥反应？——开放性和本文化认同的作用》两篇论文）。

第三，综合起来有两点理论创新值得强调。第一点是扩大了"文化混搭"这一概念的含义，并使文化混搭心理研究扩展到各个领域，使其对社会现实的关注更具契合性，例如本辑论文涉及的"文化混搭"不仅指本国文化与外国文化的碰撞与混搭，较多研究还在不同群体边界的基础上，将文化视为群内成员共享的知识体系，将文化混搭的含义扩展到弱势群体与强势群体的文化混搭、不同民族间的文化混搭、城市与农村的文化混搭、现代文化价值观与传统老字号产品的混搭以及社会变迁中传统与现代价值观与规范的混搭。第二点是延续并扩展了已有的、经典的文化混搭心理研究范式，例如张庆鹏、卢芳（见本辑《文化混搭条件下的地位感知对弱势方个体创造力的影响》）的研究在文化混搭与创造力研究（Leung & Chiu, 2010）的基础上加入等级及地位差异的视角，扩展了文化混搭与创造力研究对现实社会情境的解释力；利爱娟、杨伊生的研究（见本辑《外群体知觉与文化依恋：民族本质论的中介作用》）将本质论、文化依恋、文化刻板印象创造性地运用在对民族关系认知的研究中，有助于更深入理解民族关系认知的内在复杂机制；伍秋萍、胡桂梅的研究（见本辑《汉语二语者文化混搭性及文化适应的情感特征、影响与缓冲机制》）探讨了全球化背景下来华学习的外国人的文化适应现象，该研究是对文化混搭情境中文化适应研究领域的补充；胡洋溢、韦庆旺、陈晓晨的研究（见本辑《多元文化经验增强外文化排斥反应？——开放性和本文化认同的作用》）指出丰富的多元文化经验不仅可以提升人们的创造性，在特定边界条件下还会导致文化排斥反应，这一观点对已有文化排斥反应研究（Chiu，Mallorie，Keh，& Law，2009）进行了理论补充；张春妹、朱文闻的研究（见本辑《流动儿童的双重文化适应与心理适应：家庭功能的中介作用》）将文化混搭概念引入中国特有社会现象——城乡二元制导致的流动儿童文化适应问题分析上，具有强烈的现实意义；周懿瑾的研究（见本辑《当传统遇到现代：文化排斥效应对老字号现代化的影响》）将文化排斥反应研究应用在对老字号产品现代化问题的关注中，扩展了社会心理学研究成果在品牌营销领域的应用；张曙光的研究（见本辑《群己关系视角下社会个体化对政治认知及政治效能感的影响研究》）探讨在传统与现代观念的混杂中，社会变迁中的中国人政治参与认知的变化，这一研究综合了政治学、社会学与心理学的视角，具有一定的跨学科创见性；赵锋的研究（见本辑《儒家伦理、国家民族观与权威认同的危机》）则从社会学的视角探讨社会变迁中的中国人如何应对传统儒家伦理规范与现代民族国家观念带来的束缚。

第四，研究内容聚焦两个主题：（1）地位阶层认知与群际接触中的文化混搭心理，包括五篇论文。

如前所述，文化的含义广泛，可以涵盖现实社会中的各种类别，包括性别、组织等小群体，也包含族群、民族、国家等较大范畴，文化混搭既可以指小群体间的文化碰撞与冲突，也可以指大的族群、民族、国家及城乡范围内的文化碰撞与融合。收录在这部分的有五篇研究论文，分别从性别文化及国家间文化混搭、民族文化混搭、外来者与本地文化混搭、外国与本国文化混搭、城市与农村文化混搭等方面，探讨了人们在各种文化混搭中的心理过程。五篇论文紧扣当下中国社会现实，通过实证研究探索群体与文化互动中的心理过程。

张庆鹏、卢芳的研究（见本辑《文化混搭条件下的地位感知对弱势方个体创造力的影响》）探讨了文化混搭情境中人们的地位认知——"平等地位感知的均衡取向"和"低地位感知的失衡取向"——对创造力的影响过程，该论文利用四个研究逐层推进，分别验证在不同文化混搭情境（性别混搭与国别混搭）中人们不同的地位认知对个人创造力的影响，以及这种影响的中间机制。研究 1 探讨女性在集体活动中针对两性位置的分配取向与其创造力的相关关系，建立地位感知影响创造力的理论模型；研究 2 在此基础上考察了女性的均衡性（即平等的）地位感知对创造力的促进作用；研究 3 将文化混搭的类型从性别框架扩展到国别框架，考察中国大学生在"中美混搭"场景下的国家地位感知对其创造力的影响，一方面验证均衡地位感知提高创造力的跨领域一致性，另一方面检验独立性自我构念在其中所发挥的调节作用；研究 4 进一步挖掘均衡性地位感知提升创造力背后的心理机制，发现群体归属需求在其中的中介效应。

利爱娟、杨伊生（见本辑《外群体知觉与文化依恋：民族本质论的中介作用》）以蒙古族被试为研究对象，探讨了蒙古族在蒙汉文化互动与交往中的心理过程。该研究建构的第一个理论模型发现，蒙古族被试对蒙汉民族距离的感知、蒙汉民族整体阶层差异的感知正向预测蒙古族被试对汉族的刻板印象，这一刻板印象是指积极的刻板印象，从能力与情感两个维度划分，例如"汉族人是有能力、有才干的"，"汉族人是诚实、可信、热情、友好的"等。该研究建构的第二个理论模型认为，族群间积极的刻板印象有利于人们消解对本族文化的消极依恋（焦虑和回避型的文化依恋），使本族文化更可能成为人们情感依恋与追寻生命意义的基础，而其中的民族本质论思维起中介作用。

伍秋萍、胡桂梅（见本辑《汉语二语者文化混搭性及文化适应的情感特征、影响与缓冲机制》）的研究探讨了来华读书的外国人对中国文化的认知与适应的问题，胡洋溢、韦庆旺和陈晓晨（见本辑《多元文化经验增强外文化排斥反应？——开放性和本文化认同的作用》）的研究从相反的角度研究了有国外生活经历的中国人对外文化与中国文化混搭的态度反应及其中间心理机制。两个研究非常相似，它们从中国文化与外国文化互动关联的不同方向，富有现实感地关注与聚焦人们在全球化进程中的文化适应过程以及对文化碰撞与沟通的态度反应。

伍秋萍、胡桂梅（见本辑《汉语二语者文化混搭性及文化适应的情感特征、影响与缓冲机制》）以在华读书的外国留学生为研究对象，探讨这些汉语二语（CSL）学习者在华文化适应的群体特征及其适应压力的心理成因和缓解的途径。研究发现 CSL 学习者的文化适应遵循 U 形变化规律，来华半年至一年的压力感知最强烈，思乡情感和与中国文化的焦虑型依恋关系是适应压力形成的主要原因；进一步的中间心理过程分析发现，思乡情感造成了 CSL 学习者对中国文化的焦虑，形成文化适应压力，并进一步给学习者的文化探索行为、文化承诺、学习满意度带来影响；研究也发现，在华学习留学生面临的文化适应压力可以通过与中国朋友的交际经验而得到缓解，这种人际的互动相比饮食、旅行等文化接触经验更有效缓解文化适应中的压力。

胡洋溢、韦庆旺和陈晓晨（见本辑《多元文化经验增强外文化排斥反应？——开放性和本文化认同的作用》）的研究发现，多元文化经验不仅可以提升人们的创造力，还会增强人们对外文化的排斥反应。该研究有创见性地考察了三种具有不同多元文化经验的被试对文化混搭情境中外文化的态度和反应，发现对于多元文化经验较少（从未出国和留学美国时间 4~6 个月）的被试，其开放性性格特质的高低不影响他们对文化混搭情境中外文化态度；而对于多元文化经验较多（留学美国时间 2 年以上）的被试，高开放性特质会使他们对文化混搭情境产生更强烈的外文化排斥反应，同时，多元文化经验和开放性的交互作用只存在于那些中国文化认同较高的被试身上。对部分被试的深度访谈进一步验证了这一过程。这些研究结果对"认知深加工产生整合反应，认知浅加工产生排斥反应"的观点提出了重要补充。

当下中国社会的城乡二元结构使社会问题与文化冲突凸显和锐化。对生活在城市与农村之间的特殊群体——流动儿童的文化适应问题的探讨显得非常重要。张春妹、朱文闻（见本辑《流动儿童的双重文化适应与心理适应：家庭功能的中介作用》）的研究发现，流动儿童对城市文化的适应与其对农村文化的适应相比要更好，其城市文化适应对自尊和生活满意度有显著的预测作用，农村文化适应对生活满意度有显著的预测作用。在城市文化适应对自尊、生活满意度的正向预测关系中，家庭功能起部分中介作用，在农村文化适应对生活满意度的正向预测关系中，家庭功能起部分中介作用。

（2）传统－现代文化混搭心理研究，包含三篇论文。传统文化与现代文化的碰撞是社会变迁过程的体现，表现在人们生活的方方面面，例如价值观念的冲突、道德标准的多样性、行为规范的多重性、政治参与的不确定性等，亦是不同学科学者们关注的焦点，例如社会学家滕尼斯对传统社区与现代社会的区分，又如 20 世纪初学者们对中西文化的论争。本部分收录的三篇论文从不同角度呈现了当下中国社会中传统－现代文化碰撞对个人心理行为的影响，从消费行为学和品牌营销视角探讨消费者对老字号产品现代化的态度，现代社会的中国人受怎样的权威规范影响，是传统的儒家伦理规范还是现代民族国家观念？在受个体主义影响的中国社会，人们的个体化程度如何影响其政治参与的动力？

周懿瑾的研究（见本辑《当传统遇到现代：文化排斥效应对老字号现代化的影响》）发现，当传统文化与现代文化混搭时，人们会扩大传统文化和现代文化的感知差异，并产生排斥效应，表现为降低对老字号的评价。但这种排斥效应存在一个调节变量——文化相容性。当传统文化元素和现代文化元素所反映的价值观不冲突时，即文化相容时，排斥效应会消失。研究结果对文化混搭理论、品牌延伸理论有一定的贡献，亦为老字号的现代化、年轻化提供参考。

张曙光在他的研究（见本辑《群己关系视角下社会个体化对政治认知及政治效能感的影响研究》）中指出，在个体主义影响下，人们的个体化倾向将会影响他们政治参与的效能感。研究使用大型调查数据 CGSS 数据，分析发现人们的社会个体化倾向直接或间接影响其"政治效能感"，对"内部政治效能感"产生微弱影响，不同的"政治认知"模式（情理型政治认知与法权型政治认知）在其中起中介作用。

赵锋的研究（见本辑《儒家伦理、国家民族观与权威认同的危机》）发现，当代中国人在日常行为中受两种不同权威规范的制约：儒家伦理的权威观与国家民族的权威观。儒家伦理的权威观主张通过保障性手段来实现生活共同体内部成员间相对而具体的权威关系。现代国家民族的权威观要求通过对人的塑造来实现主权－国家－民族对行动共同体内部所有成员抽象而绝对的权威关系。一方面，两种不同的权威规范造成中国人权威认同的危机，另一方面两种规范在碰撞中也有融合的可能性。

三　结语

文化混搭心理研究始于对社会变迁的关注，这种关注在本辑收录的研究中被充分诠释。从地位认知、阶层差异、民族关系、中外文化适应、城乡二元社会中的文化应到对传统－现代文化冲突中的价值观念、道德规范、行为倾向等，对以上诸多主题的研究中无一不发现文化混搭心理研究与现实社会问题联系之密切。从第九辑文化混搭心理研究的理论探讨，到本辑文化混搭心理研究的实证心理研究，文化混搭心理研究在解读社会问题方面逐渐开枝散叶，有了一定的成果积累。

本刊刊登的八篇论文不仅内容丰富，还跨越不同的学科和研究领域，如社会学、民族学、政治学、消费行为学等。论文作者也来自国内不同的专业院所，他们中大多数人受过的心理学专业训练与其在不同专业院所的工作经历本身就是学科间的文化混搭，工作及研究经历使他们视野开阔，问题意识更加明晰，在关注社会现实与社会问题上更有优势，这些有助于他们的研究突破传统社会心理学研究从情境到行为的微观过程，进一步考察了更为远端的历史性或制度性因素对个体心理及行为的影响过程，提升了研究对现实社会发展的外部效度。希望未来有更多研究从文化混搭心理角度探索中国社会变迁的过程，在理论与现实上对文化混搭心理研究有所推进。

参考文献

陈咏媛、康萤仪，2015，《文化变迁与文化混搭的动态：社会生态心理学的视角》，载杨宜音主编《中国社会心理学评论》第九辑，社会科学文献出版社。

高珮义，2004，《中外城市化比较研究》，南开大学出版社。

李璐颖，2013，《城市化率50%的拐点迷局：典型国家快速城市化阶段发展特征的比较研究》，《城市规划学刊》第3期，第43～49页。

彭璐珞，2013，《理解消费者对文化混搭的态度：一个文化分域的视角》，博士学位论文，北京大学光华管理学院。

彭璐珞、赵娜，2015，《文化混搭的动理：混搭的反应方式、影响因素、心理后果及动态过程》，载杨宜音主编《中国社会心理学评论》第九辑，社会科学文献出版社。

吴莹，2015，《文化会聚主义与多元文化认同》，载杨宜音主编《中国社会心理学评论》第九辑，社会科学文献出版社。

吴莹，2016，《文化、群体与认同：社会心理学的视角》，社会科学文献出版社。

谢天，2015，《文化混搭中的决策心理》，载杨宜音主编《中国社会心理学评论》第九辑，社会科学文献出版社。

杨宜音，2015，《多元混融的新型自我：全球化时代的自我构念》，载杨宜音主编《中国社会心理学评论》第九辑，社会科学文献出版社。

张楠、彭泗清，2015，《文化混搭下的文化变迁研究》，载杨宜音主编《中国社会心理学评论》第九辑，社会科学文献出版社。

赵志裕、吴莹、杨宜音，2015，《文化混搭：文化与心理研究的新里程》，载杨宜音主编《中国社会心理学评论》第九辑，社会科学文献出版社。

邹智敏、江叶诗，2015，《文化会聚主义：一种关系型的文化心理定势》，载杨宜音主编《中国社会心理学评论》第九辑，社会科学文献出版社。

Chiu, C. - y., Gries, P., Torelli, C. J., & Cheng, S. Y - y. (2011). Toward a social psychology of globalization. *Journal of Social Issues*, 67, 663 - 676.

Chiu, C. - y., Kwan, L. - y., & Liou, S. (2013). Culturally motivated challenges to innovations in integrative research: Theory and solutions. *Social Issue and Policy Review*, 7, 149 - 172.

Chiu, C. - y., Mallorie, L., Keh, H. - t., & Law, W. (2009). Perceptions of culture in multicultural space： Joint presentation of images from two cultures increases in-group attribution of culture-typical characteristics. *Journal of Cross-cultural Psychology*，40，282 – 300.

Inglehart，R.（1997）. *Modernization and Postmodernization： Cultural，Economic，and Political Change in 43 Societies.* Princeton： Princeton University Press.

Leung，A. K – y. ，& Chiu，C. – y.（2010）. Multicultural experience，idea receptiveness，and creativity. *Journal of Cross-Cultural Psychology*，42（5 – 6），723 – 741.

Morris，M. W. ，Chiu，C. – y. ，& Liu，Z.（2015）. Polycultural psychology，*Annual Review of Psychology*，66，631 – 659.

中国社会心理学评论　第12辑

第11~36页

© SSAP，2017

文化混搭条件下的地位感知对弱势方个体创造力的影响*

张庆鹏　卢　芳**

摘　要： 本研究主要关注处于相对弱势位置的个体在文化混搭条件下的地位感知对其创造力的影响。研究者设定了两类文化混搭场景，并基于地位感知的两种取向来探讨上述影响过程，第一种取向是基于平等地位感知的均衡取向，第二种取向是基于低地位感知的失衡取向。研究结果支持了均衡取向下的创造力促进效应。（1）在"性别混搭"的生活话语场景下，女性在均衡取向下的平等地位感知比失衡性的低地位感知对创造力的促进作用更明显；在"国别混搭"的新闻话语场景下，中国人的平等地位感知比低地位感知对创造力的促进作用更明显。（2）独立性自我构念的强弱变化调节了地位感知对创造力的提升关系，高独立性个体在创意任务中更容易受到地位感知的影响。（3）在"中美混搭"的条件下，平等地位感知会削弱中国被试寻求内群体归属的需求，进而在此中介作用下提高了创造力水平。

关键词： 文化混搭　地位感知　均衡取向　失衡取向　个体创造力

---

　*　本文是国家社会科学基金教育学青年课题（CEA120117）的阶段性研究成果。

**　卢　芳**，广东食品药品职业学院学生工作处，讲师。　*　通信作者：张庆鹏，广州大学公共管理学院社会学系，讲师，硕士生导师，Email：zhqp @ gzhu. edu. cn；卢芳，广东食品药品职业学院学生工作处，讲师。

引　言

在当代中国，"社会地位"及其背后的心理基础有着非常丰富的内涵，透过这些内涵我们可以窥见社会变迁历程中的文化心理机制，也可以在此基础上探讨中国社会在结构性与功能性流动、资源和财富分配、人际和群际互动，甚至是多元文化对话和接触等议题下的若干显性或隐性的问题。对个体而言，不同的社会地位感知可能产生于人际或群际互动过程中的社会比较（Festinger，1954），或者源于社会认同基础上的自我归类（Turner，Hogg，Oakes，Reicher，& Wetherell，1987）。地位感知可以反映微观的"个体"和抽象的"社会"之间的关系，即"我"在人群中所处的位置在哪里，也可以反映两个群体或文化范畴之间的关系，即"我们"和其他群体/文化的相对地位是什么。前者是个体层面上的社会地位感知，后者是群体层面上的文化地位感知，本研究关注的是后者。群体间互动促进双方聚合了各自的关键要素，进而组成一种新的、混搭式的文化共同体。身处其中的个体会基于自身群体在这个共同体中所处的位置而产生均衡或失衡的地位感知，这类地位感知又会对他们在社会实践中的问题解决策略产生影响。本研究要探讨的核心问题是，当这类地位感知发生变化时，在文化混搭的场景下处于相对弱势一方的个体在处理日常问题时所表现出来的创造力是否会受到影响？进而，如果地位感知和创造力水平之间的确存在某种关联，那么这种关联的边界在哪里？这种关联背后的社会心理机制又是什么？

一　理论综述与研究概览

（一）文化会聚主义与文化混搭

在相互关联的个体集合中，文化是针对特定的思想、行动和社会制度而松散地组织起来的共享知识网络（Chiu & Hong，2006）。文化是基于组内建构和组间互动的综合产物，是基于不同群体的要素在"因时而动、随遇而变"的原则下形成的多元而动态的组合模式，"文化影响"正是上述组合模式中的诸多要素协同作用的结果。文化的概念涵盖了国家范畴（Schwartz，1992；Inglehart，1997）、族群范畴（Fiske，Cuddy，Glick，& Xu，2002）、地域范畴（Talhelm，Zhang，Oishi，Shimin，Duan，Lan，& Kitayama，2014）

以及更为丰富的亚文化范畴，比如社会阶层（Kohn，Naoi，Schoenbach，Schooler，& Slomczynski，1990）、性别亚文化群体（Dambrun，Duarte，& Guimond，2004；Pool，Schwegler，Theodore，& Fuchs，2007）和基于年龄而划定的代际群体（Choi，He，& Harachi，2008；Bengtson & Roberts，1991）等。因此，文化间的对话和互动是多类型、多角度和多层面的。新近的研究强调文化间相互影响和相互转化的"文化会聚主义（polyculturalism）"，它被认为是"一个根植于反种族主义，而非文化多样性的新文化理念"（Prashad，2001；邹智敏、江叶诗，2015）。在这一视角下，每一种文化都不会是独立发展起来的，不同的文化之间并不存在明确的边界，文化对个体的影响来源也不是单一的。还有研究者指出，"文化影响"的内涵可以借助影响源的叠加性特征和影响过程的多重性特征来加以理解。某种文化基于特定的侧面（而不是全部要素）对其成员产生影响，而其他可能更重要的影响则来自另一种文化的特定侧面，个体的认知和行为是由多种文化塑造的。因此，文化对个人的影响是网状（network）模式而不是范畴（category）模式（Morris，Chiu，& Liu，2015）。文化会聚主义的观点强调文化影响的多样性和整合性内涵，这一方面会提示研究者去选择更为生态化的视角来看待影响社会行动的文化背景因素，因为根据 Morris 等人的理论，即使在传统视角下的单一文化经验或在历史上看起来封闭的文化实体中，也可以找到跨文化对话和接触的痕迹；另一方面也会消解文化研究的框架限制，促进研究者去关注不同的文化在接触和互动的过程中所形成的新型混搭体，以及它们对个体思想和行为的影响。

在文化会聚主义视角下，"文化混搭"（cultural mixing）被理解为两种文化系统中的诸要素在同一时间和空间内所发生的拼接、对话、相互影响和相互转化的现象，此外也涉及个体在特定情境下对同时存储在知识结构中的两套或多套文化系统进行选择、转化与切换的现象。这些现象的背后是处在不同位置的文化之间的客观关系及其运作过程，由此构成了具有动态构型功能的网络，这与布迪厄等人提出的"场域"相类似（布迪厄、华康德，1998）。文化混搭的场域超越了单一的社会结构，形成了多层次的动态格局。第一个层面，社会中的不同要素基于其所占据的位置而各自发挥作用，位置之间的结构性关系和能动性形塑过程造就了各自独特的文化；在第二个层面，不同文化要素的位置集合成为更加宏大的跨文化场域中的一个网结，文化混搭的结果首先形成了在网结之间的相对位置关系，其次对上述关系和各种要素的功能进行调整，并获得了稳定的结构与秩序，甚至可能生成一种具有整合特性的"新文化"。

（二） 文化混搭情况下的地位感知

文化混搭促成了两种风貌与内涵皆存在差异的文化形态共存于同一个场域之内的情况发生，多元而丰富的形式背后却可能隐含着权力和地位角逐的巨大张力。布迪厄等人强调场域的能动性和自身的运动逻辑，也就是场域的构型（configuration）作用（布迪厄、华康德，1998）。文化混搭正是体现了整合之后的多元文化场域对其下诸要素之间的关系进行构型的过程，其中包括基于不同文化的相对地位格局。文化层面上的“地位状况”是“由对名誉的某种特定的、积极或消极的社会评价所决定的人类生活的所有典型构件”。在阶级和权力导致的社会分层之外，文化的领域中存在更多的地位等级划分，其依据的是“宗教以及世俗化了的宗教理想、物品消费、生活方式、成就类型或休闲品位等”（柯林斯、马科夫斯基，2014）。任何一种阶层结构都无法避免优势地位对劣势地位的影响、决定和控制，即齐美尔所谓的“统制”，阶层也就被解读为一种基于“中心－边陲”格局下的社会关系形式（叶启政，2006）。地位差异也会反映到个体的心理结构之中，形成具身化的心理动力特征，并使得人们在社会互动中不断强化这种基于控制关系的差异。此外，群体心理层面上的社会比较（social comparison）会在相互依赖的个体所形成的社会心理系统中发挥作用，个体会将自己与假想中的“其他人”进行比较，并自动地将自己归入某一个特定的群体类属（Yip & Kelly，2013），从而在主观层面上完成韦伯所谓的“文化领域中的地位等级划分”。基于自我归类的地位群体划分是个体和“其他人”在主体间进行互动的产物，它是一种广泛而弥散的社会知觉，同时也是形成“地位感知”的重要因素。地位感知反映了个体的社会认知与情感系统对自己在社会结构中所处位置的判断（个体地位感知），或者是自身所在群体与其他群体之间的相对位置的判断（文化/群体地位感知），后者在文化混搭的情境下会更加突显。

（三） 文化混搭中的地位感知与弱势群体成员的创造力

在大多数文化混搭情境下，人们会由于所处位置不同而产生不同的文化地位感知，它可能会影响文化间的对话与互动，决定文化会聚的走向和性质；同时，这种地位感知也会作为一种背景因素去影响人们能否在社会认知与行动中采取更加高效而有创意的策略。不同的文化地位处境会对个体创造力的发挥产生不同的影响。研究者已发现与高地位处境有关的权力感知和创造性之间存在正向关系（Fiske，1993；Fiske & Dépret，1996）。

而对于文化互动中的低地位群体而言，他们的创造力是如何受到其地位感知变化影响的呢？以往研究关于个体在弱势处境下产生的地位感知与其创造力之间的关系并未取得一致的结论。一方面的证据表明，非主流的、低地位和边缘群体的处境能够激发较高的创造力。比如，处在边缘位置的少数族群或新移民在解决生存和适应问题时会采用更多的创新策略（Maddux & Galinsky，2009）；少数族裔儿童的双语经历可以提升他们的语言能力和创新能力（Kessler & Quinn，1987）。但在另一方面也存在与之相反的证据。比如，原先可观的社会地位下降时会抑制创造力的发挥，居于社会主流的中等地位人群会对潜在的地位丧失感到焦虑，随之出现的注意范围狭窄和思维聚焦现象会降低其创造力（Duguid & Goncalo，2015）。另外，早期针对学龄前儿童的研究发现，中产阶层家庭的儿童会比低阶层家庭的儿童表现出更高的创造力（Lichtenwalner & Maxwell，1969）。地位高低也会涉及家庭层面，多子女家庭相比独生子女家庭更容易出现不利于某些成员的地位格局，并影响其创造力的发展。独生子女在创造力之灵活性维度上的表现好于非独生子女（Yang, Hou, Wei, Wang, Li, & Qiu，2016）。与第一类研究结果不同，这些研究表明不利的地位处境会阻碍创造力的激发。

上述两组研究的矛盾可从两个角度理解。第一，部分研究强调客观存在的地位差异，较少关注人们在地位结构差异中的主观感知，这就会在相同的环境中忽略个体的社会认知差异，因此难以解释优势或弱势地位皆存在创造力助长因素，同时又皆存在抑制因素的复杂结论。第二，部分研究在考察地位感知时的立足点是个体感知到的自身在群体中所处的位置（个体地位感知），较少地考虑群体间互动或群体内的亚群体分化，以及个体以特定群体成员的身份所感知到的群体间相对位置关系（文化地位感知）。这会导致研究视角囿于群体／文化对话中的某一方，无法在更高的抽象水平上把握系统性的地位感知，进而难以窥见个体在这个层面上针对其文化地位的社会知觉过程与结果。

文化混搭的概念可以为调和上述矛盾提供一个新的视角，该视角将基于"个体－个体"联结的社会集群整合到一个系统之下，在社会知觉过程中找到个体间互动的内涵，并挖掘出基于相对位置判断的系统性地位感知，这类感知强调群体互动或文化对话框架内的整体状态，这个层面上的地位感知不是单维的"高或低"，而是基于多角度权衡形成的"均衡或失衡"的判断。在这一视角下重新审视人们的地位感知，则会摒去单一主体立场的局限，以一个新的角度去探讨地位感知与创造力的关系。首先，在系统性地位感知框架中强化均衡性特征会对个体产生积极的影响，从而为其更明智（或更具创造性）地适应外部世界奠定基础。例如，在校学生（工人阶级的后代）参加过针对社会阶层背景的短期干预项目之后，在两年后依然能够对自己所在阶层带来的影响保持理解。相较于控制组，他们愿意在演讲中更多地谈论到自己的背景并且将自己的工人阶级背景视为一种优势（Stephens，Townsend，Hamedani，Destin，& Manzo，2015），这就意味着，通过有针对性的干预，低阶层群体成员依然可以在系统性的地位格局中获得均衡性的感知。尽管这项研究并未进一步考察均衡的地位感知对个体创造力的影响，但伴随这种差别教育而得以提升的幸福感和适应力则可能是释放创造力的重要基础。其次，在系统性地位感知中弱化失衡性特征同样具有积极意义。在多人互动的场景中，角色和分工的差异将人们分配到物理空间的不同位置上去，进而造成高低、主次等失衡性的地位格局。此时如果改变固有的位置，向所有人公平分配空间资源，则可以营造出均衡性的地位格局，其结果会激发创造力。例如，与传统的座位模式相比，站立工作的员工更容易出现心理唤起并减少对他人想法的担忧，进而产出更多的创意和更高的工作绩效（Knight & Baer，2014）。因此，系统性地位感知框架内，地位感知的结果不是片面的高或低，而是系统性的均衡或失衡。而对于将自我归类于弱势一方的人们来说，均衡性格局的意义和作用更为重要。基于以上论述，本研究提出假设 1：相对于失衡性地位格局，均衡性地位感知更容易提高人们在弱势地位下的创造力水平。

（四）地位感知提升创造力的群体作用机制

在文化混搭条件下，地位感知与群体层面上的社会认知过程密切相关，均衡或失衡的地位感知是基于个体对自己所在群体和其他群体关系的判断而产生的。因此，从群体社会认知的角度可以更准确地理解为什么均衡性地位感知会提升弱势一方的创造力水平。接下来要探讨两个问题，第一，在什么情况下，均衡性地位感知对创造力的提升作用更明显？第二，基于环境线索产生的均衡性地位感知提升个体创造力背后的社会心理机制是什么？

首先，人们在文化混搭场景中所产生的群体间地位感知是外部的环境设置和内部的社会性解读共同作用的产物。某些与社会性解读密切相关的自我认知风格会和均衡性地位格局营造的环境线索发生匹配，使后者对创造力的促进作用成为可能。换言之，特定的自我认知风格在其强弱变化的连续体上标定了均衡性地位感知能否有效促进创造力的作用边界。在群际互动的语境下，自我认知风格可以反映人们在群体知觉过程中建立自我概念的两种不同倾向，即更多地将个体独特性因素还是人文环境因素纳入自我结构中去，前者是独立性自我构念，后者是相依性自我构念（Markus & Kitayama，1991；Gardner，Gabriel，& Lee，1999；Kim & Sharkey，1995；Kitayama & Markus，2000）。与独立性自我有关的动机会引发更多的反常规想法，进而针对当前问题产生创造性的解决方案（Bloomberg，1971；Galinsky，Magee，Gruenfeld，Whitson，& Liljenquist，2008；Goncalo & Krause，2010），因此，独立性路径上的创造力发生逻辑是：基于独立性的自我结构或环境线索使个体尽可能地排除周围信息的干扰，摆脱诸如上下级或阶层地位等社会框架的束缚，促成了开放而新颖的思路或策略，使创造力的提升成为可能；而相依性自我构念则可能促成更为丰富的人际沟通（Amabile，1988，1996）、更为多样化的人际交往（Woodman，Sawyer，& Griffin，1993）和更加多元的文化经验（Leung，Maddux，Galinsky，& Chiu，2008），因此相依性路径上的创造力发生逻辑是：基于多元文化交流与融合而拓展出多角度的问题解决模式，从而激发更多反常规的、实用的思路或策略，同样有助于提升创造力。尽管在不同的环境条件下，这两条路径上的自我构念风格都会对个体创造力产生正面影响，但是在群际地位比较的情况下，与相依性构念相比，弱势一方的独立性构念在与均衡性地位感知匹配之后更容易对接第一条路径，即在均衡性的地位感知下，原先来自强势一方的干扰和在其主导下形成的框架束缚被削弱了，弱势一方中具有较强的独立自我倾向的个体更容易利用由此获得的独立思考和行动的机会，实现创造力的提升。鉴于此，本研究提出假设 2：独立性自我构念调节了弱势文化成员的均衡性地位感知和创造力之间的关系，独立性自我构念较强者在均衡性地位感知的作用下更容易表现出较高的创造力。

其次，对于均衡性地位感知和创造力之间的促进关系而言，除了独立性因素基于内部自我构念的特质性差异发挥调节作用以外，在社会层面上被均衡性地位线索引发的，与独立性有关的认知反应也可能有助于个体创造力的提升。这一过程能否实现则取决于环境中是否存在可以引发"独立感"（sense of independence）的特定因素。已有研究发现，个体与内群体保持距离、减弱对内群体的心理依赖可以引发独立感，比如在遭遇社会拒绝的情况下，独立性自我建构风格的个体反而表现出更高的创造力水平（Kim，Vincent，& Goncalo，2013），这表明环境中的社会拒绝线索客观上促成了个体与内群体的疏离，并强化了高独立性个体针对这种处境的社会性解读，使创造力的提升成为可能。此外，在内群体疏离的基础上增加跨群体互动的机会也会强化个体的独立感，比如新移民的双重身份（dual-identity）使他们能够相对独立地审视两种文化，从而获得多元选择、整合差异和扩展自我认同边界的机会，最终在切换认知策略和语境、整合矛盾冲突以及拓展创意资源库等三类创造性活动中表现得更加出色（Gocłowska & Crisp，2014）。在均衡性群体间地位感知下，个体由于获得了平等地进行群际沟通的机会，因此能够暂时与内群体保持距离，并减弱对内群体的心理依赖，这样一来同样可能产生与独立性有关的社会认知反应，最终提升了创造力。这样就可以理解为什么人们在弱势条件下产生的均衡性地位感知会提升其创造力。一种可能的解释是，在创造力提升的背后，均衡性的地位感知减弱了跨群体比较及其结果带给个体的压力，使个体与内群体保持距离、对外寻求独立处境成为可能，与这种独立性反应伴随出现的是个体对有形的群体和无形的规范框架的依赖程度下降了。如果这一过程成立，那么我们可以将群体依赖和归属需求的下降作为衡量这类独立性反应的行为指标，并将其作为均衡性地位感知提升创造力路径上的中介变量。由此提出假设 3：均衡性地位感知首先降低了弱势一方成员的群体归属需求，进而提升了完成任务时的创造力水平。

（五）研究概览

本研究主要探讨弱势群体成员在文化混搭场景下的系统性地位感知对其创造力的影响。研究者在亚文化对话的框架内设定了两类混搭场景，分别是"性别混搭"和"国别混搭"；同时考虑两方面的地位感知，第一是弱势一方基于不对等位置所产生的失衡性地位感知，第二是在上述位置差异被环境线索弱化的情况下，弱势一方所产生的均衡性地位感知。研究 1 探讨女性在集体活动中针对性别位置的分配取向与其创造力的相关关系，初步确立地位感知和创造力之间的关系模式；研究 2 在此基础上考察了女性的均衡性（即平等的）地位感知对创造力的促进作用；研究 3 将文化混搭的类型从性别框架扩展到国别框架，考察中国大学生在"中美混搭"场景下的国家地位感知对其创造力的影响，一方面验证均衡地位感知提高创造力的跨领域一致性（假设 1），另一方面检验独立性自我构念在其中发挥的调节作用（假设 2）；研究 4 进一步挖掘均衡性地位感知提升创造力背后的心理机制，检验群体归属需求的中介效应（假设 3）。

二　研究 1：女性在位置分配任务中的地位感知和创造力的相关关系

研究 1 通过观察女性被试在虚拟集体合影中针对男女性别的位置分配所做的安排，考察她们在此安排下所产生的地位感知和创造力之间的关系。

（一）被试

被试是主修"社会心理学"的 68 名女大学生，平均年龄 20.05 岁，标准差 1.01。研究者将实验材料编排到课程计划中，并将其发布给包括男生在内的所有学生，旨在隐藏真实的实验意图。

（二）研究过程

1. 合影位置分配任务

任务材料来源于互联网上的真实合影。首先在某搜索引擎中以"集体合影"为关键词进行搜索，在约 246 万个搜索结果中随机挑选出 160 张成人集体合影，其中有 80 张是在正式场合下的合影（比如公司年会），另外 80 张是非正式场合下的合影（比如旅游留念）。然后统计每张合影的总人数、男女比例以及每一排的男女比例，得到一张平均化以后的模拟合影（图 1）。该合影中共有 34 人，18 名男性，16 名女性；后排有 16 个站立位置，中间有 10 个座位，前排有 8 个半蹲的位置。

研究者首先向被试呈现图 1 所示的虚拟合影，在排除年龄、身高、体重等因素的基础上，要求被试协助摄影师安排男性和女性的位置，在括号里分别标出"男"或"女"。

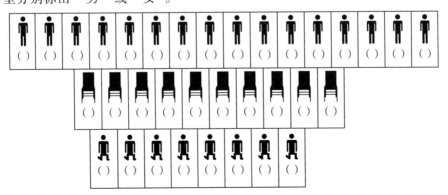

图 1　低地位感知启动材料——合影位置分配任务

2. 地位感知测验

要求被试在 -4 到 4 的 9 点标尺上对男性地位和女性地位的相对差别做出判断： -4 代表"男性地位最高"，4 代表"女性地位最高"，0 代表"两性地位平等"。数字越小表示性别观越接近"男性地位高"，数字越大则越接近"女性地位高"，标尺的两端均隐含男女地位不平等的态度。

3. 创造力测验

被试按要求完成创意组合任务（从 12 种普通生活用品中选择 3 种物品，形成一个合理而新奇的组合，一共完成三个组合，并写出每种组合的理由[①]）。

4. 知情测试

被试报告上述三部分任务之间的关系。将准确猜出排座次任务和创造力测试之间关系的被试数据剔除，不纳入后续的分析。

5. 创造力评价

研究者首先邀请一位心理学专业的大学老师在 9 点标尺上评价每一个组合的新奇性（是否突破常规思维或是否具有反常规的含义）和可用性（能否切实解决问题）；然后将"新奇性"和"可用性"得分均≥5 的情况编码为 1，其他情况编码为 0，得到"新奇且可用"的评分；最后，评价者在 9 点的标尺上判断被试写下的组合总体上是否具有创造性，1 代表创造性非常低，5 代表创造性中等，9 代表创造性非常高。

（三）结果

首先验证被试在前排分配女性的比例和低地位感知的关联，研究者筛选出将前排超过半数的位置安排给女生的被试（$N = 40$），这批被试在"地位感知测验"中的平均得分为 -0.57（$SD = 1.51$），即偏向"男性地位高"这一端，且显著低于 0（$t = -3.13$，$p < 0.01$），这表明在虚拟任务中将更多的女性分配在前排的被试感知到了更为明显的两性地位差异。接下来计算全体女性被试在前、中、后三排安排女性的比例与创造性指标之间的相关性（表 1），结果显示，被试在前排设置的女性比例与"组合 3"中的"新奇性""新奇且可用"以及"总体创造性"呈现显著的负相关；后排的女性比例与"组合 1"中的"新奇性"和"总体创造性"以及"组合 3"中的"新奇性""新奇且可用"和"总体创造性"呈现显著的正相关。这表

---

① 这 12 种物品分别是袜子、削皮刀、苹果、纸杯、耳机、电钻、小风扇、音乐播放器、衣架、水盆、吸管、椰子。如果被试提出一个组合——电钻、吸管、椰子，那么可以给出的理由是：用电钻在椰子上开个洞，然后用吸管喝椰汁。

明在"男性 & 女性"这两套亚文化系统的对话场景中,女性被试将虚拟场景中的女性地位设置得越低(前排下蹲),自身创造力水平也相应地越低;而如果将女性地位设置得越高(后排站立),则创造力水平越高。

表 1　合影座次安排中的性别混搭格局与个体创造力的相关

		前排女性比例	中间女性比例	后排女性比例
组合 1	新奇性	−.138	−.176	.262*
	可用性	.041	−.203	−.098
	新奇且可用	−.079	−.177	.183
	总体创造性	−.138	−.152	.236†
组合 2	新奇性	−.042	−.172	.169
	可用性	.021	−.176	−.195
	新奇且可用	−.121	−.054	.129
	总体创造性	−.039	−.132	.124
组合 3	新奇性	−.288*	−.073	.279*
	可用性	−.038	.008	.043
	新奇且可用	−.380**	−.001	.329**
	总体创造性	−.320**	−.043	.290*

†$p < 0.1$,　*$p < 0.05$,　**$p < 0.01$。

(四)　讨论

一方面,研究 1 发现那些倾向于在前排分配更多女性的被试感知到了相对更低的女性地位,表明前排下蹲位置与女性被试的低地位感知存在关联,从而验证了位置分配任务启动地位感知的有效性。在安排座次时,女性被试在前排、中间和后排所分配的性别比例反映了不同的性别混搭格局,如果在前排出现了更多的女性,则会在合影空间内营造"女性地位低于男性"的格局,这种安排也间接反映了女性被试在虚拟场景中关于"男性地位高/女性地位低"的感知。另外,这种感知与个体创造力水平也存在关联。全体被试在前排下蹲位置安排女性的比例和反映创造力的某些指标存在负相关关系,而后排站立位置被安排的女性比例和一些创造力指标呈正相关关系。这表明女性被试的低地位感知可能会抑制其创造力的发挥。相关分析为地位感知和创造力之间的因果关系提供了一种可能的解释,进一步的研究中还需要采用实验法来探讨不同的地位感知对创造力的影响。

三 研究 2：性别混搭条件下的地位感知对女性创造力的影响

研究 2 在性别混搭场景下启动了不同的地位感知，验证女性的均衡性（即平等的）地位感知对创造力的促进作用。

（一）被试

被试是主修"大学生心理健康教育"的 172 名某大学女生，平均年龄 19.18 岁，标准差 0.82。

（二）研究过程

1. 地位感知启动

研究者采用被试间实验设计将被试随机分配到三种启动条件下，分别是低地位感知组（$N = 80$）、平等地位感知组（$N = 49$）以及空白对照组（$N = 43$）。低地位感知组的实验材料是经过研究 1 检验的"模拟集体合影场景"，任务的设计和研究 1 一致；平等地位感知组的实验材料是"模拟集体聚餐场景"（图 2），即在一张圆形的、无高低落差和主次区别的餐桌上安排男性和女性的座次（9 男 8 女），被试按照要求在图片中的括号里分别标出男性和女性的位置，模拟聚餐中隐去了每个人的年龄、身形、职位等特征，旨在保证被试在安排座次时将性别作为唯一的参考依据；空白对照组的被试无须完成与地位感启动有关的任务。

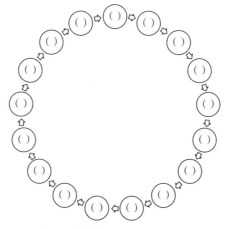

图 2 平等地位感知组启动材料

2. 地位感知测验

与研究 1 采用的材料和方法相同。

3. 创造力测验

要求被试想象自己的好朋友即将过生日，自己要向对方送出一份独特而有创意的生日礼物，并写出一份包括 5 个备择选项的礼物清单（Leung & Chiu，2010）。

4. 知情测试

采用与研究 1 相同的知情测试，保证被试选取的有效性。

5. 创造力评价

研究者将所有被试在创造力测验中列出的礼物清单按照随机原则重新编排顺序，并邀请 4 位心理学专业的研究生（两位博士生、两位硕士生）在 7 点标尺上对每份礼物清单的总体创造性做出评估。

（三）结果

1. 实验组和对照组的数据筛选

研究者基于研究 1 的结果，对低地位感知组的被试在合影前排下蹲位置上安排的女性比例进行计算，筛选出前排女性的设置比例超过 50%（不含 50%）的被试（$N = 50$），将其作为低地位感知启动的有效被试。由于模拟的聚餐场景能够较好地保证无高低落差、无主次区别的座次安排，空白对照组完全没有与地位感知有关的实验操纵，因此两组被试均不进行进一步的筛选。最终进入数据分析的被试数量分别是：低地位感知组 $N = 50$，平等地位感知组 $N = 49$，空白对照组 $N = 43$。

2. 地位感知的操纵有效性检验

三组被试对性别地位的判断差异达到边缘显著的水平，$F(2, 139) = 2.31$，$p = 0.1$；多重比较结果显示，与对照组相比，低地位感知组的判断更加远离 "0"（两性地位平等），$M_{低地位 - 对照组} = -0.65$，$SE = 0.30$，$p < 0.05$；而平等地位感知组和对照组的判断则未出现显著差异，$M_{低地位 - 对照组} = -0.31$，$SE = 0.30$，ns。为了排除对照组可能存在的偏差，研究者采用单样本 T 检验的方法，分别对三组被试的性别地位判断与 "0" 做比较，结果发现，平等地位组的判断与 "0" 之间的差异不显著，$t = -1.11$，ns；对照组的判断与 "0" 的差异也不显著，$t = 0.21$，ns；但是低地位组的判断则显著小于 "0"，$t = -3.50$，$p < 0.01$。上述结果支持了地位感知启动的有效性。

3. 创造力测验的专家评价

对 "礼物清单创造性" 的评价者进行信度检验，$\chi^2 = 21.59$，$p = 0.000$，

Kendall's W 值达到极显著水平，说明四位评分者的评价具有较高的一致性，因此本研究取四位评分者评价分数的平均值作为被试最终的创造力得分。

4. 地位感知对个体创造力的影响

三组被试的创造力得分差异边缘显著，$F(2,135) = 2.49$，$p = 0.087$，多重比较结果显示，平等地位感知组的创造力得分显著高于对照组，$M_{平等地位-对照组} = 0.52$，$SE = 0.24$，$p < 0.05$；低地位感知组的创造力得分与对照组差异不显著，$M_{低地位-对照组} = 0.39$，$SE = 0.24$，ns。

（四）讨论

研究 2 查明了具有均衡性特征的平等地位感知对女性创造力的促进作用：与低地位感知组相比，平等地位感知组的创造力水平更为显著地高于空白对照组。这表明在两性混搭格局下，处于相对弱势的女性从"低他一等"到"两性平等"的地位感知变化对应了其创造力水平的上升趋势。这一结果也呼应了研究 1 中"较低的女性空间位置"与"较低的创造力水平"之间的关联。

研究 2 将地位感知系统设定在性别之间，而在其他的文化混搭系统中，相对弱势一方的地位感知与其创造力之间的关系是否会表现出类似的模式？平等地位感知对创造力的促进作用是否具有跨系统的一致性？接下来，研究者将视角从"性别混搭"扩展到"国别混搭"，在类似的实验范式下考察国家地位感知对创造力的影响，进一步验证假设 1；同时还将纳入自我构念测验，分别考察独立性和相依性自我构念强度对上述影响关系的调节作用，验证假设 2。

四　研究 3：国家地位感知对中国大学生创造力的影响及自我构念的调节作用

（一）被试

被试来自主修"大学生心理健康教育"的 123 名大学生，女生比例为 33.3%，平均年龄 19.14 岁，标准差为 0.89。

（二）研究过程

1. 自我构念测验

测验题目译自 Kim 和 Sharkey（1995）编制的"自我构念测验"，包括八个描述独立性自我构念的题目（α=0.79）和九个描述相依性自我构念的题目（α=0.73）。

2. 地位感知启动

研究者采用被试间实验设计，将被试随机分配到低地位感知组（N=44）、平等地位感知组（N=40）以及空白对照组（N=39）。在前两个条件下，被试会读到一段关于中美两国在世界上的"社会地位"的叙述材料。研究者将国家的国际地位与个人的"社会经济地位"进行类比，由于个体的客观社会经济地位主要由收入、受教育水平和职业类型这三个指标来衡量（Park，Kitayama，Markus，Coe，Miyamoto，Karasawa，Curhan，Love，Kawakami，Boylan，& Ryff，2013），因此本研究在类比到国家层面时，同样基于以上三个指标来进行中美之间的地位比较。在低地位组，研究者以图表的形式向被试呈现两国在"人均国内生产总值""人均受教育年限"和"白领阶层人数比例"这三方面的数据，被试可以发现中国的这三个数据均低于美国；在平等地位组，被试看到的跨国比较数据来自"经济总量""大学普及率"和"白领阶层人数"这三个方面，被试可以发现中美两国在这三方面的水平基本是接近的①；在空白对照组，研究者未施加任何与地位感知有关的实验操纵。

3. 地位感知测验

这一测验采用主观地位感知的经典方法（Goodman，Adler，Kawachi，Frazier，Huang，& Colditz，2001），即用一个"梯子"代表世界范围内的10级地位水平，最下面的那一级代表最低地位（编码为10），顶端一级代表最高地位（编码为1）。研究者要求被试根据其主观感受，判断中国和美国所在的位置，并将其写在相应位置的横线上。

4. 创造力测验

要求被试针对"时间"完成"类比性写作任务"，即思考与"时间"有关的两种类比，并将每个类比中所涉及的事物与"时间"之间的联系写下来，基本的写作体例是："时间就像＿＿＿，二者可能的联系是＿＿＿。"接下来基于专家评价来衡量被试所写内容的创造性（Leung & Chiu，2010）。

最后的知情测试要求被试报告自我构念测验、地位感知启动材料以及

---

① 在设计这部分材料时，研究者从两个侧面收集的数据能够基本真实地反映中美两国的力量对比现状，也就是两国在某些方面的差异正越来越小，而中国在另一些方面则依然落后于美国。对于两国和两国关系而言，这是一个特殊的历史时期，这也为本研究选择一个侧面的数据来启动平等地位感知、选择另一个侧面的数据来启动低地位感知提供了可能。

创造力测验之间的关系。

5. 创造力评价

研究者请两位评价者在9点评价标尺上对上述文本内容的创造性水平分别做出独立的评估，这两位评价者均是心理学专业毕业的研究生，且目前正在从事文字编辑工作。这样的背景使其能够同时基于认知加工和语言表述来评估个体的创造力。

（三）结果

1. 地位感知的操纵有效性检验

研究者比较三组被试在10级阶梯上报告的中美"地位差"，地位差越小，表示被试主观感知的两国地位越接近。方差分析的结果显示，三组被试报告的地位差存在显著差异，$F(2,121) = 6.26$，$p < 0.05$。多重比较发现，低地位组和对照组报告的两国地位差未出现显著差异，但平等地位组报告的地位差显著小于对照组，$M_{平等地位-对照组} = -1.04$，$SE = 0.44$，$p < 0.05$；同时也显著小于低地位组，$M_{平等地位-低地位} = -1.14$，$SE = 0.46$，$p < 0.01$。这表明平等地位组的实验操纵降低了该组被试对两国地位差异的主观感知，因而操纵是有效的。

2. 创造力测验的专家评价

两位评价者针对被试所做的第一个"时间类比"的创造性高低的评价者相关为$r(\text{inter-rater}) = 0.14$，$ns$；他们针对被试的第二个"时间类比"的创造性高低的评价者相关为$r(\text{inter-rater}) = 0.34$，$p < 0.01$。这表明第二个类比的评价者信度相对更高，因此将两个评价者针对这个类比的平均数作为被试创造力水平的衡量指标。

3. 国家地位感知对个体创造力的影响

三组被试的创造力得分差异显著，$F(2,121) = 4.16$，$p < 0.05$，多重比较结果与研究2的模式相同：平等地位感知组的创造力得分显著高于对照组，$M_{平等地位-对照组} = 1.09$，$SE = 0.38$，$p < 0.05$；低地位感知组的创造力得分与对照组差异不显著，$M_{低地位-对照组} = 0.68$，$SE = 0.37$，ns。

4. 独立性自我构念的调节作用

接下来继续探讨地位感知和创造力关系的调节机制，首先分别验证地位感知与自我构念的两个维度的交互项对创造力的影响：地位感知和相依性自我构念的交互作用对个体创造力的预测作用不显著（$B = 0.14$，$p = 0.43$，ns）；地位感知和独立性自我构念的交互作用能够在边缘显著水平上预测被试的创造力水平（$B = 0.28$，$p = 0.08$）。然后进一步采用简单斜率分析法考察独立性自我构念水平在地位感知和创造力之间发挥的调节作用。研究者将标准化以后的独立性分数（连续变量）加减 1 个标准差，分别得到"低独立性"和"高独立性"两组数据，在此基础上分别考察地位感知对创造力的影响。结果发现，在独立性自我水平较高的情况下，平等地位感知对创造力的促进作用更明显（$slope = 0.67$，$p = 0.01$），$F(1,123) = 3.88$，$p = 0.051$；在独立性自我水平较低的情况下，平等地位感知对创造力的影响不显著（$slope = 0.11$，$p = 0.60$），$F(1,123) = 0.11$，$p = 0.74$.

（四）讨论

研究 3 将地位感知框架由性别混搭场景扩展到中美之间的国别混搭场景，并得到了与研究 2 类似的结果：与低地位感知条件相比，弱势方个体在平等地位感知的条件下，其创造力水平的提升更为明显。跨情境的实验结果进一步验证了均衡性地位感知对创造力的提升效应。此外，研究 3 还验证了独立性自我构念对上述效应的调节作用，与低独立性个体相比，平等地位感知更容易促进高独立性个体创造力水平的提升。这一结果在地位感知提升创造力的框架内揭示了个体对独立性自我构念的特质敏感性，反映了高独立性构念与均衡性地位感知匹配条件下的创造力发生逻辑。由此推测，当群体间地位对等时，高独立性的个体可能对此时出现的独立性线索更加敏感，并且更容易摆脱框架限制，最终会产生更多的创意。而对于包括独立性自我或相依性自我在内的普通中国人而言，这种独立性线索引发的认知反应可能是提高创造力的中介因素。因此，除了独立性特质在自我认知层面上的调节机制以外，接下来还需要考虑独立性线索在社会认知层面上的中介机制，也就是考察均衡性地位感知是如何基于独立性线索的认知反应而提高个体创造力的。研究 4 将群体依赖和归属需求的下降作为衡量这类认知反应的行为指标，并将其作为均衡性地位感知提升创造力路径上的中介变量，进一步研究均衡性地位感知是否为促进创造力背后的社会心理机制。

五　研究4：群体归属需求在国家地位感知和创造力之间的中介作用

（一）被试

被试来自选修公共选修课"当代中国社会问题分析"的 113 名大学

生，女生比例为 37.7%，平均年龄 19.91 岁，标准差为 2.09。

（二）研究过程

1. 地位感知启动

地位感知启动材料与研究 3 一致。研究采用被试间实验设计，将被试随机分配到低地位感知组（$N=36$）、平等地位感知组（$N=39$）以及空白对照组（$N=38$）。

2. 群体归属需求测验

该测验译自"归属需求测试"（Hayes, Matthes, & Eveland, 2013），共 5 个题项，内部一致性系数 $\alpha=0.69$。

3. 创造力测验、知情测试

与研究 3 相同。

4. 创造力评价

研究者整理出三组被试在写作任务中列出的两个类比，并重新为被试编号，然后请两位心理学专业背景的评价者在 9 点尺上对上述文本内容的创造性水平分别做出独立的评估。

（三）结果

1. 创造力测验的专家评价

两位评价者针对被试所做的第一个"时间类比"的创造性评价相关为 $r=0.52$，$p<0.01$；他们针对第二个"时间类比"的创造性评价相关为 $r=0.53$，$p<0.01$。这两组评价的一致性信度都较高。参照 Leung 和 Chiu（2010）的做法，本研究针对每个类比任务分别计算两位评价者的平均分数作为这两个任务的创造性指标，但两个平均数之间的相关较低，$r=-0.06$，ns，不宜对其再做整合，因此在后续的分析中分别考察这两个指标。

2. 国家地位感知对个体创造力的影响

首先，针对第一个类比任务，三组被试的创造力得分差异显著，$F(2, 111)=4.88$，$p<0.01$，多重比较结果与研究 2 和研究 3 的模式大致相同：平等地位感知组的创造力得分显著高于对照组和低地位感知组，$M_{平等地位-对照组}=1.05$，$SE=0.35$，$p<0.01$；$M_{平等地位-低地位}=0.82$，$SE=0.36$，$p<0.05$。低地位感知组的创造力得分与对照组差异不显著，$M_{低地位-对照组}=0.23$，$SE=0.36$。其次，对第二个类比任务而言，三组被试的创造力得分差异不显著，$F(2,111)=1.24$。因不满足中介检验的条件，故不将其纳入后续的分析。

3. 群体归属需求的中介作用

研究者以平等地位感知为自变量，第一个类比任务的创造性得分为因变量，采用 sobel 检验方法（Preacher & Leonardelli，2001；Preacher & Hayes，2008）考察群体归属需求的中介效应。基于上述三个变量构建的中介模型通过了 sobel 检验的统计学要求，$t_a = -2.67$，$t_b = -3.02$，$sobel = 2.00$，$p < 0.05$。在这个中介模型中，被试的平等地位感知会降低其群体归属需求，这种需求的降低进而引发了创造力水平的提升（图3）。与此不同的是，如果将模型中的自变量换成低地位感知，上述中介效应则不再成立（低地位感知对创造力的预测作用不显著，$B = -0.30$，$t = -0.91$，ns）。

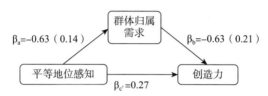

图3　平等地位感知提升创造力的中介效应检验

（四）讨论

在国家层面的文化混搭场景下，研究4进一步验证了平等地位感知对个体创造力的提升效应，同时还发现，上述提升效应是基于群体归属需求的中介作用而实现的。这一结果表明文化混搭条件下的均衡性地位感知使得相对弱势一方的群体成员获得了平等进行群际沟通的机会，从而产生与独立性有关的社会认知反应，减弱了对内群体的心理依赖，促进了创造力的提升。

六　讨论与结论

在当代中国，如何研究变迁过程中的社会和文化心理群像是一个庞大而复杂的议题。人员和物品的频繁流动引发了信息、思想和价值观的交换与共享，这就使得根据国家、地域、肤色等静态符号来标定文化内核与边界的做法不再适宜。在流动性和交互性无法避免的情况下，两种或多种风貌与内涵皆存差异的文化形态共存于一个场域，便酝酿出了混搭状态下的"文化共同体"，这是一个开放而动态的系统，同时也是一个内容丰富、功能复杂的影响源。本研究将"文化混搭"理解为不同文化中的诸要素在同一时间和空间内发生的拼接、对话、相互影响和相互转化的现象，个体身处其中的反应则体现了他们对于同时存储在知识结构中的两套文化系统所进行的选择、转化与切换，由此形成人与环境的基本对话框架：一方面是文化混搭环境对人产生的影响，包括具有叠加性特征的影响源和具有多重性特征的影响过程；另一方面是个人在外显或内隐的影响下被塑造出来的思想体系和行为模式。具体而言，混搭的文化共同体首先会塑造人们对群体间互动格局的整体性感知，比如权力感和地位感；此外还会由于上述感知在性质和强度等方面的差异而影响到个体在问题解决或社会交往过程中的认知和行为模式。

本研究即以此为切入点，在文化混搭状态下（宏观的文化或亚文化层面）探讨不同类型的地位感知（中观的主体间或群体间层面）对弱势一方个体创造力（微观的问题解决层面）的影响，并将研究问题表述为：弱势一方基于自身所在文化与其他文化之间的相对位置产生的系统性地位感知如何影响他们问题解决和创意设计等活动时的表现？本研究尝试在文化混搭的框架内探讨基于跨群体互动而形成的群体地位感知，以及由此对个体认知产生的影响，同时将微观领域的个体认知特征反映到相对宏大的系统性视角之下，旨在整合以往研究中针对主体性地位感知和个体认知关系的不一致结论，即一方面是边缘的或低地位的处境激发创造力的证据（Maddux & Galinsky，2009；Kessler & Quinn，1987），另一方面是阶层框架中的不利处境阻碍创造力的证据（Duguid & Goncalo，2015；Lichtenwalner & Maxwell，1969；Yang et al.，2016）。本研究发现，无论是在跨性别亚文化混搭场景下的女性，还是在跨国文化混搭场景下的中国大学生，尽管他们在各自的系统内都处于传统意义上的弱势，但相比由低地位处境产生的失衡性感知，基于系统间对等地位产生的均衡性感知均可以正向预测他们的创造力水平。这表明即便是在个体层面上被定义为低地位的成员，只要他们在群体层面上的系统性地位感知是均衡的，就会与高创造性产生积极的联系。基于这个结果的系统性地位感知框架可以在一定程度上兼容上述两种矛盾的证据。当传统的地位感知被冠以"均衡"或"失衡"二字之后，其背后的社会心理学意义也发生了改变。相比个体层面上孤立而片面的地位感知，"均衡－失衡"的维度一方面强调了地位感知的系统性特征，反映了个体基于群体认同而在文化间水平上进行的社会比较，因此其社会知觉被抽象到了较高的层面；另一方面则突出了地位感知的情境性和即时性，同一类文化混搭框架，个体的地位感知在某些情境下是均衡的，在另外一些情境下则可能是失衡的，因此在跨群体或跨文化交流，特别是即时性互动的过程，场景的设计显得尤为重要，这个场景既涉及物理空间中的人员分布格局，也涉及各种可能影响到人们关于交互双方对等性认知的环境信息。符合均衡性原则的设计会使场景中的个体（尤其是传统意义上的弱势群体成员）在固有框架的限定下最大限度地释放创意和活力，并在改善和提高互动效率方面发挥更大的作用。如果跳出激活创造力的范畴，均衡性感知与 Sherif 等人（1961）提出的"通过接触消除群体间偏见时需要满足的条件"在逻辑内核上是相通的，无论是问题解决过程中所需要的创意和活力，还是跨群体交流中所需要的善意和理解，都可以通过在群体间建立相互依赖的关系、平等的地位和共同的目标来实现，通过频繁互动的巩固和修缮，最终可形成一个松散、开放、力量配置均衡的文化混搭框架。这个环境使身处其中的个体更加自由、包容和开放，也更容易产出创造性成果。

　　本研究进一步探讨了均衡性地位感知促进创造力背后的机制。首先，与群体互动有关的自我认知因素能够影响个体对环境中特定线索的敏感性，并随之对环境产生相应的解读。相对来说，相依性自我构念对环境中基于特定关系和背景形成的联结性线索更为敏感，而独立性自我构念则对突破环境框架的独特性线索更为敏感。当两个群体共存于一个场域时，二者地位的平等关系更容易向身处其中的人们发出"基于主次、强弱位置分布的框架限制被削弱"的信号，从而产生更多的独特性线索。因此，均衡性地位感知和独立性自我构念的关系更为密切。本研究支持了上述推论，独立性自我构念对均衡性地位感知促进创造力的关系发挥调节作用，与独立性自我构念较弱的弱势群体成员相比，独立性自我构念较强者更容易进入"均衡地位感提高创造力"的模式。这个调节机制揭示了独立性自我构念在均衡性地位感知促进创造力过程中的特质敏感性，反映了高独立性构念与均衡性地位感知匹配条件下的创造力发生逻辑，即均衡性地位设置削弱了原先来自强势一方的干扰和在其主导下形成的框架束缚，进而出现了与之相对的独立性线索，弱势一方中具有较强的独立性自我构念倾向的个体更容易识别这种线索，并能利用由此获得的独立思考和行动的机会，促成创造力的提升。

　　其次，除了在自我认知层面上揭示了独立性构念的调节作用，本研究还在社会认知层面上探讨了均衡性地位感知提升创造力的中介机制：平等地位格局下的均衡性感知导致被试寻求群体归属的需求下降，进而提高了创造力水平。群体归属需求的下降可被理解为个体对均衡性系统地位格局下的独立性线索产生的社会认知反应。这种反应及随后出现的创造力提升效应表明，对于个体在群际互动背景下所承载的框架约束而言，均衡性地位感知具有"松绑"作用，互动场中的均衡感尤其会使原先处于弱势地位的人们对内群体的依赖下降，同时释放了在提升策略新奇性和实用性方面的自由度，尽管对群体框架依赖性的降低并不直接对应独立性的提升，但对于内群体归属需求的减弱可以反映出个体在环境线索的影响下寻求独立的行为动向，此外，客观上出现的反常规思维和问题解决策略也的确和独立性有关。本研究呼应了 Kim 等人在 2013 年的研究，即在社会排斥对独立性自我构念下的创造力促进效应之外，探讨了平等地位感知的类似功能。换言之，Kim 等人的发现是，社会排斥给高独立性自我的个体提供了独立思考和行动并排除群体框架干扰的机会（对独立性的趋近），最终促成了创造力的提升（Kim，Vincent，& Goncalo，2013）。而本研究的发现则表明，在更为复杂的跨群体对比场景下，"平起平坐"的无差别地位感知会让人们更为自信地走出基于群体归属的安全感框架（对相依性的趋离），此举同样可能使人们获得独立思考的机会，并由此提升了创造力。

本研究尚存一定的局限，并可据此开展进一步的研究。第一，本研究在两类文化混搭场景下选取了传统意义上处于弱势的群体成员作为研究对象，主要关注他们在均衡性地位格局下的问题解决策略所发生的变化。与之对应的失衡性格局是更符合这类群体惯常境遇的低地位情境。由于被试的特点，本研究建立的概念框架中没有涉及失衡性格局的另一面，即在文化系统互动中的高地位感知情境。未来研究应补全这个缺位，扩展研究取样的范畴，考察非弱势群体在高地位条件下是否会同样产生失衡性感知，进而比均衡地位感知表现出更强的创造性抑制效应。第二，本研究设置的两类文化混搭场景强调"对方不在场"情况下的主观模拟，即在性别混搭场景下关注女性，在国别混搭场景下关注中国人，而与之对话的男性或美国人则被设定为"虚拟的对方"。一方缺位和双方真实到场，这两种情况下所产生的相对地位感知是有区别的，因此未来的研究应进一步提高实验设计的生态效度，在更接近真实情况的文化系统对话场景下捕捉地位感知和高级认知能力的关系。第三，本研究采用生活化程度较高的任务（物品组合、礼物清单）来考察个体的创造力水平，这类任务和文化对话的场景距离较远，因而难以窥见身处文化互动系统中的人们在解决最实际的文化互动问题时所表现出的创造性。未来研究应提高创造力任务的抽象性及其与文化混搭议题的相关度，在不降低研究外部效度的前提下增加结果变量在理论框架中的说服力。

总之，本研究设定了两类虚拟的文化混搭场景，在其中探讨了不同类型的文化地位感知对弱势方成员在从事创意活动时的影响，进而揭示了均衡性地位感知对个体创造力的促进效应，并基于自我和社会认知的视角分别挖掘了该效应的边界条件和内部的发生机制：（1）独立性自我构念调节了弱势方地位感知与创造力的关系，均衡性地位感知更容易提升高独立性个体的创造力；（2）均衡性地位感知通过群体归属需求下降的中介作用提高了弱势地位成员的创造力水平。

本研究构建的创造力激活模型表明，平等的文化间位置分布格局导致的均衡性地位感知为弱势一方的群体成员实现自我独立或寻求框架的消解，进而产生创造性的问题解决策略提供了可能。这一模型可以启发研究者继续探讨人们在地位不对等的文化混搭条件下所进行的环境识别、社会交往和问题解决的模式，并且在"个人－文化－环境"的嵌套式结构中挖掘个性和群性的互动逻辑，简言之，在多元文化场域的动态构型作用下，文化混搭复杂性的增加使得个体在问题解决过程中可利用的资源类型与数量也在随之增加，同时在这个复杂场域中识别到积极的社会知觉线索、确立建设性意义的机会和角度也会增多。在行为终端出现的改变反映了个体基于环境改变所做的互动式的和适应性的调节，这就启发研究者在文化混搭的理论建设中进一步探索个人与文化以及宏观环境相互适应的过程，通过构建基于文化混搭背景的主观社会系统，更好地理解文化重构和社会变迁视野下的个体心理机制。

参考文献

布迪厄，华康德，1998，《实践与反思》，李猛、李康译，中央编译出版社。

兰德尔·柯林斯、迈克尔·马科夫斯基，2014，《发现社会：西方社会学思想述评》（第八版），李霞译，商务印书馆。

叶启政，2006，《社会理论的本土化建构》，北京大学出版社。

邹智敏、江叶诗，2015，《文化会聚主义：一种关系型的文化心理定势》，载杨宜音主编《中国社会心理学评论》第九辑，社会科学文献出版社，第63~96页。

Amabile, T. M. (1988). A model of creativity and innovation in organizations. *Research in Organizational Behavior*, 10 (1), 123 - 167.

Amabile, T. M. (1996). *Creativity in Context: Update to "The Social Psychology of Creativity."* Boulder: Westview Press.

Bengtson, V. L., & Roberts, R. E. (1991). Intergenerational solidarity in aging families: An example of formal theory construction. *Journal of Marriage and the Family*, 53 (4), 856 - 870.

Bloomberg, M. (1971). Creativity as related to field independence and mobility. *The Journal of Genetic Psychology*, 118 (1), 3 - 12.

Chiu, C. - y. , & Hong, Y. - y. (2006). *Social Psychology of Culture*. New York: Psychology Press.

Choi, Y. , He, M. , & Harachi, T. W. (2008). Intergenerational cultural dissonance, parent-child conflict and bonding, and youth problem behaviors among Vietnamese and Cambodian immigrant families. *Journal of Youth and Adolescence*, 37 (1), 85 - 96.

Dambrun, M. , Duarte, S. , & Guimond, S. (2004). Why are men more likely to support group-based dominance than women? The mediating role of gender identification. *British Journal of Social Psychology*, 43 (2), 287 - 297.

Duguid, M. M. , & Goncalo, J. A. (2015). Squeezed in the middle: The middle status trade creativity for focus. *Journal of Personality and Social Psychology*, 109 (4), 589 - 603.

Festinger, L. (1954). A theory of social comparison processes. *Human Relations*, 7 (2), 117 - 140.

Fiske, S. T. (1993). Controlling other people: The impact of power on stereotyping. *American Psychologist*, 48 (6), 621 - 628.

Fiske, S. T. , Cuddy, A. J. , Glick, P. , & Xu, J. (2002). A model of (often mixed) stereotype content: competence and warmth respectively follow from perceived status and competition. *Journal of Personality and Social Psychology*, 82 (6), 878 - 902.

Fiske, S. T. , & Dépret, E. (1996). Control, interdependence and power: Understanding social cognition in its social context. *European Review of Social Psychology*, 7 (1), 31 - 61.

Galinsky, A. D. , Magee, J. C. , Gruenfeld, D. H. , Whitson, J. A. , & Liljenquist, K. A. (2008). Power reduces the press of the situation: implications for creativity, conformity, and dissonance. *Journal of Personality and Social Psychology*, 95 (6), 1450 - 1466.

Gardner, W. L. , Gabriel, S. , & Lee, A. Y. (1999). "I" value freedom, but "we" value relationships: Self-construal priming mirrors cultural differences in judgment. *Psychological Science*, 10 (4), 321 - 326.

Gocłowska, M. A. , & Crisp, R. J. (2014). How dual-identity processes foster creativity. *Review of General Psychology*, 18 (3), 216 - 236.

Goncalo, J. A. , & Krause, V. (2010). Being different or being better? Disentangling the effects of independence and competition on group creativity. *Advances in Group Processes*, 27, 129 - 157.

Goodman, E. , Adler, N. E. , Kawachi, I. , Frazier, A. L. , Huang, B. , & Colditz, G. A. (2001). Adolescents' perceptions of social status: development and evaluation of a new indicator. *Pediatrics*, 108 (2), e31 - e31.

Hayes, A. F. , Matthes, J. , & Eveland, W. P. (2013). Stimulating the quasi-statistical organ: Fear of social isolation motivates the quest for knowledge of the opinion climate. *Communication Research*, 40 (4), 439 - 462.

Inglehart, R. (1997). *Modernization and post-modernization: Cultural, economic, and political change in 43 societies*. Princeton, NJ: Princeton University Press.

Kessler, C. , & Quinn, M. E. (1987). Language minority children's linguistic and cognitive creativity. *Journal of Multilingual& Multicultural Development*, 8 (1 - 2), 173 - 186.

Kim, M. S., & Sharkey, W. F. (1995). Independent and interdependent construals of self: Explaining cultural patterns of interpersonal communication in multicultural organizational settings. *Communication Quarterly*, 43 (1), 20 – 38.

Kim, S. H., Vincent, L. C., & Goncalo, J. A. (2013). Outside advantage: Can social rejection fuel creative thought? *Journal of Experimental Psychology: General*, 142 (3), 605 – 611.

Kitayama, S., & Markus, H. R. (2000). The pursuit of happiness and the realization of sympathy: Cultural patterns of self, social relations, and well-being. In Diener, Ed. and Sue, Eunkook. M (Ed.), *Culture and Subjective Well-being* (pp. 113 – 161). Cambridge, MA, US: MIT Press.

Knight, A. P., & Baer, M. (2014). Get up, stand up: The effects of a non-sedentary workspace on information elaboration and group performance. *Social Psychological and Personality Science*, 5 (8), 910 – 917.

Kohn, M. L., Naoi, A., Schoenbach, C., Schooler, C., & Slomczynski, K. M. (1990). Position in the class structure and psychological functioning in the United States, Japan, and Poland. *American Journal of Sociology*, 95 (4), 964 – 1008.

Leung, A. K – y., & Chiu, C. – y. (2010). Multicultural experience, idea receptiveness, and creativity. *Journal of Cross-Cultural Psychology*, 42 (5 – 6), 723 – 741.

Leung, A. K – y., Maddux, W. W., Galinsky, A. D., & Chiu, C. – y. (2008). Multicultural experience enhances creativity: The when and how. *American Psychologist*, 63 (3), 169 – 181.

Lichtenwalner, J. S., & Maxwell, J. W. (1969). The relationship of birth order and socioeconomic status to the creativity of preschool children. *Child Development*, 40 (4), 1241 – 1247.

Maddux, W. W., & Galinsky, A. D. (2009). Cultural borders and mental barriers: The relationship between living abroad and creativity. *Journal of Personality and Social Psychology*, 96 (5), 1047 – 1061.

Markus, H. R., & Kitayama, S. (1991). Culture and the self: Implications for cognition, emotion, and motivation. *Psychological Review*, 98 (2), 224 – 253.

Morris, M. W., Chiu, C., & Liu, Z. (2015). Polycultural psychology. *Annual Review of Psychology*, 66 (1), 631 – 659.

Park, J., Kitayama, S., Markus, H. R., Coe, C. L., Miyamoto, Y., Karasawa, M., Curhan, K. B., Love, G. D., Kawakami, N., Boylan, J. M., & Ryff, C. D. (2013). Social status and anger expression: The cultural moderation hypothesis. *Emotion*, 13 (6), 1122 – 1131.

Pool, G. J., Schwegler, A. F., Theodore, B. R., & Fuchs, P. N. (2007). Role of gender norms and group identification on hypothetical and experimental pain tolerance. *Pain*, 129 (1), 122 – 129.

Prashad, V. (2001). *Everybody was Kung Fu fighting: Afro-Asian connections and the myth of cultural purity*. Boston: Beacon Press.

Preacher, K. J. , & Hayes, A. F. (2008). Asymptotic and resampling strategies for assessing and comparing indirect effects in multiple mediator models. *Behavior Research Methods*, 40 (3) , 879 – 891.

Preacher, K. J. , & Leonardelli, G. J. (2001). Calculation for the Sobel test: An interactive calculation tool for mediation tests. Available from http://quantpsy. org/sobel/sobel. htm

Schwarts, S. H. (1992). Universals in the content and structure of values: Theoretical advances and empirical tests in 20 countries. In M. Zanna (Ed) , *Advances in experimental social psychology* (Vol. 25 , pp. 1 – 66). New York: Academic Press.

Sherif, C. W. , Harvey, O. J. , White, B. J. , & Hood, W. R. (1961). *Intergroup conflict and cooperation: The robbers cave experiment* (Vol. 10 , pp. 150 – 198). Norman, OK: University Book Exchange.

Stephens, N. M. , Townsend, S. S. , Hamedani, M. G. , Destin, M. , & Manzo, V. (2015). A difference-education intervention equips first-generation college students to thrive in the face of stressful college situations. *Psychological Science*, 26 (10) , 1556 – 1566.

Talhelm, T. , Zhang, X. , Oishi, S. , Shimin, C. , Duan, D. , Lan, X. , & Kitayama, S. (2014). Large-scale psychological differences within China explained by rice versus wheat agriculture. *Science*, 344 (6184) , 603 – 608.

Turner, J. C. , Hogg, M. A. , Oakes, P. J. , Reicher, S. D. , & Wetherell, M. S. (1987). *Rediscovering the social group: A self-categorization theory.* Cambridge, MA, US: Basil Blackwell.

Woodman, R. W. , Sawyer, J. E. , & Griffin, R. W. (1993). Toward a theory of organizational creativity. *Academy of management review*, 18 (2) , 293 – 321.

Yang, J. , Hou, X. , Wei, D. , Wang, K. , Li, Y. , & Qiu, J. (2016). Only-child and non-only-child exhibit differences in creativity and agreeableness: Evidence from behavioral and anatomical structural studies. *Brain Imaging and Behavior*, 1 – 10. Published online: 08 March 2016.

Yip, J. J. , & Kelly, A. E. (2013). Upward and downward social comparisons can decrease prosocial behavior. *Journal of Applied Social Psychology*, 43 (3) , 591 – 602.

中国社会心理学评论 第 12 辑
第 37~51 页
© SSAP，2017

外群体知觉与文化依恋：民族本质论的中介作用[*]

利爱娟　杨伊生[**]

摘　要：本研究采用问卷法，使用民族心理距离测量量表、阶层差异测量量表、刻板印象评价量表、文化依恋量表和民族本质论量表，以内蒙古自治区 303 名蒙古族大学生为研究对象，考察外群体知觉中的民族心理距离和阶层差异感知对民族刻板印象的影响以及民族本质论在民族刻板印象和对母体文化依恋之间的中介作用。结果表明：民族心理距离和民族阶层差异感知可以预测个体对其他民族的刻板印象；民族本质论在个体对其他民族的刻板印象和对母体文化的文化依恋的关系中有中介作用。在实践中，可以通过控制外群体知觉、改变个体本质论信念来改善族际关系，帮助个体跨文化适应。

关键词：民族差异　刻板印象　文化依恋　民族本质论

一　问题提出

随着社会发展和科技进步，全球化进一步加剧。人口不断流动促使具

---

[*]　致谢：撰写过程中，康莹仪老师无私地提供了研究文化依恋的量表原文及评分标准，并在为数不多的见面中给予了鼓励和督促，这是本文得以完成的重要动力。同时，肖前国、姜永志、袁方舟和格根图雅在研究中提供了大量的帮助，使得文章得以顺利完成，在此表示感谢。

[**]　利爱娟，内蒙古工业大学人文学院，讲师，内蒙古师范大学心理学博士研究生，Email：laj1982@126.com；杨伊生，内蒙古师范大学教育科学学院，教授，博士生导师，Email：yangys1965@163.com。

有不同成长背景的个体和群体之间产生高频率互动，带来不同文化的碰撞和交融。我国是由多民族组成的国家，各民族的并存和交流带来多种文化共存、排斥和融合等问题。民族文化差异是我国现阶段民族矛盾产生、存在和发展的一个重要原因（唐鸣，2002）。

在社会认知研究中，作为刻板化信息表征研究焦点之一的内－外群体效应（in-group/out-group effects）研究指出：人们会对自己所属群体的知觉更加积极和敏感，而对外群体则趋向激发消极的刻板印象，进行信息加工时会产生明显的内群体偏好和外群体刻板化（王新波、单洪雪，2008）。个体进入以外群体为主体的新文化环境时，母体文化（native culture）提供了情感支持和在逆境中的保护，使个体获得舒适和安全（Hong, Fang, Yang, & Phua, 2013）。民族的常人理论用来解释民族属性的固着与可变，它能够有效预测对外群体的知觉，进而影响个体进入新环境时对新环境的主流文化（host culture）的适应（Bastian & Haslam, 2008；Hong, Chao, & Sun, 2009；高承海、万明钢，2013）。因此，在我国以常人理论为视角探讨民族的外群体知觉和母体文化的保护作用，对研究民族关系具有重要的理论和现实意义。

首先，不同文化背景直接影响我们对外群体的知觉，特定的文化定位（cultural orientation）会使得个体在解释周围环境时倾向于与某种特定文化维度保持一致。个体对不同民族之间的差异知觉越大，内外群体的分界也越明确。因此，民族差异感会直接影响个体对其他民族的认知和判断。民族心理距离可以用来反映族际交往过程中的交往主客体在心理上对他民族产生的距离感，是对外群体与内群体差异知觉的体现，对民族心理距离的评估有助于对不同民族之间的交往行为进行预测（戴宁宁，2011）。其次，对不同民族所处的社会阶层位置和阶层差异的判断是个体对外群体的知觉在社会阶层上的解释和反映。社会认知视角下的社会阶层研究认为，高低不同的社会阶层的形成是由物质资源的有限性和主观感知的社会地位差异导致的。处于同一社会阶层中的人们由于拥有共享的经历，形成了相对稳定的认知倾向。环境导致的高低阶层者认知倾向的差异，进一步影响了个体感知自我、他人和社会的方式（Kraus, Piff, Mendoza-Denton, Rheinschmidt, & Keltner, 2012），即社会阶层差异感知会带来一系列心理效应，进而影响到个体对另一群体的认知、情感和行为，尤其是对自我的控制和他群体的威胁感知（刘兴哲、贺雯、孙亚文，2014）。这也正是刻板印象和偏见产生的原因之一。

在社会知觉的过程中，由于诸如没有足够的时间和心理资源的原因，个体不能够全面获取知觉对象的特点，只是将信息简单处理，并对它们进行分类。刻板印象就是认为特定群体中的成员都会具有某一特征的分类假设，刻板印象可能是积极的也可能是消极的。Fiske 等人提出了刻板印象的内容模型（Stereotype Content Model, SCM），发展使用了特质词汇对刻板印象进行测量的经典方法，经过不断调整形成了热情（warmth）和能力（competence）的双维结构的测量（Fiske, Cuddy, Glick, & Xu, 2002）。人们遇到其他群体时，会通过对"热情"的判断来区分敌友性（friend-foe），通过对"能力"的判断来确定该群体帮助或者伤害他人的可能性（汪新建、程婕婷、管健，2014）。因此，我们可以认为刻板印象是群际认知和群际行为的桥梁。在跨民族交往中，积极的民族刻板印象有助于增强族群彼此信任，促进民族互动和文化的传播；相反，消极的民族刻板印象则容易引发族群竞争意识，产生相对剥夺感，阻碍族群间的交往（党宝宝、高承海、万明钢，2016）。随着研究的深入，考虑到对不同群体的情绪反应和行为倾向，刻板印象的内容模型发展为刻板印象内容与群际情绪、行为反应倾向相结合的系统模型（Behaviors from Intergroup Affect and Stereotypes Map, BIAS Map）（Cuddy, Fiske, & Glick, 2007），该模型在跨文化研究中得到了支持（Cuddy, Fiske, & Glick, 2008；Cuddy, Fiske, Kwan, Glick, Demoulin, Leyens, & Sleebos, 2009）。同时，也有国内外学者提出并在研究中予以证实：在知觉他人时，道德也是刻板印象的重要内容，在与外群体交往互动中会在一定程度上预测个体的认知和行为（Leach, Ellemers, & Barreto, 2007；高明华，2010；周春燕、黄海、刘陈陵、郭永玉、贺金波，2015）。

民族本质论是与民族建构论相互对立的民族常人理论，分别代表着对民族性质理解的动态观到静态观的连续体上的两端（Hong, Chao, & Sun, 2009；No, Hong, Liao, Lee, Wood, & Chao, 2008；高承海、万明钢，2013）。本质论主张民族是由不可改变的本质决定的；而建构论则认为民族是在历史情景中由各种因素建构的，它是动态可变的，民族差异并不能代表不同群体之间存在着本质差异（Hong, Chao, & Sun, 2009）。作为本质论的一个成分的实体论（Haslam, Bastian, Bain, & Kashima, 2006）的相关研究结果表明，实体论者（本质论者）比渐变论者（建构论者）持有更强烈的刻板印象和偏见（Dweck, Chiu, & Hong, 1995；Hong, Coleman, Chan, Wong, Chiu, Hansen, & Fu, 2004）。Hong 等人在研究中发现，实体论者用固着的观点看待社会身份，将它们视为确定不变的，并将其作为处理不同群际之间关系的指导原则，这样的信念让他们形成僵化、静态的观点，容易对外群体产生更多的偏见（Hong，Chiu，Yeung，& Tong，1999；Hong，Coleman，Chan，Wong，Chiu，Hansen，& Fu，2004；高承海、侯玲、吕超、万明钢，2012）。对内群体和外群体区分评价时，持有民族本质论观点越强烈的个体对外群体的评价越消极，感知到的群体差异也越大。综上，民族本质论信念对知觉到的群体差异具有重要的影响，对群体差异有独特的敏感性（No，Hong，Liao，Lee，Wood，& Chao，2008；高承海、万明钢，2013）。

文化对个体生存和适应具有重要作用。进化心理学认为，独居是一种危险的行为，文化的规范能够帮助人们更有效地协调活动，从而为人们带来具有适应性的优势（赵志裕、陈侠，2013）。当个体移居新的环境时，会产生唤起的文化（evoked culture），个体会感受到因外部环境不同而产生的群体差异现象（Tooby & Cosmides，1992），可能出现恐惧、焦虑、愤怒、信赖、如家般的舒适等不一样的情感体验（Hong，Fang，Yang，& Phua，2013）。在整合依恋理论、涵化理论的基础上，文化的依恋理论开辟了新的途径来了解和评估个体的跨文化能力。文化依恋（cultural attachment）理论认为，除了主要的抚养者之外，社会团体（social groups）也可以成为依恋的对象，群体可以向个人提供情感上的支持和保护，相当于支持和依恋的保护（Hong，Roisman，& Chen，2006）。文化依恋是类似于婴儿对其主要照看者产生依恋的一个过程，通过对文化形成安全型的依恋，帮助个体应对焦虑和压力，获得一种安全感（Hong，Fang，Yang，& Phua，2013）。因此，个体在进入新环境后，会从母体文化中寻找支持和保护来缓解适应新文化过程中出现的负面心理体验。

综上，已有的心理学领域关于适应、刻板印象、民族融合等的研究发现，民族本质论能够直接影响个体对其他群体的认同、刻板印象、交往动机和在新环境中的社会适应（Bastian & Haslam，2006；高承海、万明钢，2013；杨晓莉、刘力、赵显、史佳鑫，2014）。外群体是新环境中文化的主要承载者，个体对外群体的差异感知会影响刻板印象。民族本质论观点越强烈的个体，他们感知到的群体差异程度越大，刻板印象就越强。对外群体知觉会影响个体在新文化中的适应，为了应对适应过程中产生的焦虑和压力，个体会在母体文化中寻求依恋保护，本质论越强的个体，对母体文化的依恋也会表现得越强。

为了验证这样的推断，本研究提出以下研究假设：（1）在对外群体知觉时，民族心理距离和阶层差异感知会对民族刻板印象有预测作用；（2）民族本质论在对其他民族的刻板印象与对自己母体文化的文化依恋之间起中介作用。

二　研究方法

（一）被试

本研究以内蒙古地区多民族混合高校（汉族占多数）中的某师范大学和某工业大学当中的 303 名蒙古族学生作为被试。其中，男生 152 名，女生 151 名；大一学生 65 人，大二学生 134 人，大三学生 104 人；被试年龄范围在 18~23 岁（$M = 21.5$，$SD = 3.23$）。所有被试母语均为蒙古语，进入大学前就读于蒙古族学校，同时能够使用汉语进行日常学习和交流。根据相关研究和前期观察与访谈结果，被试能够作为从母体文化向新文化适应的代表群体被取样。

（二）测量

1. 民族心理距离

本研究通过选择不同的圆圈位置的重叠程度来反映被试对蒙古族和汉族的心理距离。这一方式在研究个体亲密关系、组群关系方面已被证明是非常有效的方法（Aron, Aron, & Smollan, 1992；Tropp & Wright, 2001）。研究首先询问被试："您觉得蒙古族和汉族之间的关系是？"随后要求被试在下图中选择他认为最能代表自己看法的选项。其中，两个圆圈完全分离（计 1 分）表示被试认为蒙古族和汉族两个群体是完全不同的，心理距离最远；两个圆圈完全重合（计 6 分）表示被试认为蒙古族和汉族两个群体是完全相同的，没有心理距离。最终计算的得分越高说明心理距离越远，得分越低说明心理距离越近。

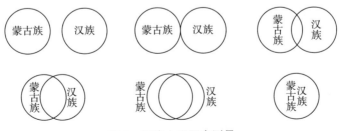

图 1　民族心理距离测量

2. 民族阶层差异感知

这一指标通过主观社会经济地位 Mac Arthur 量表（The Mac Arthur Scale

of Subjective Social Status) 进行测查。Mac Arthur 量表是一个 10 级阶梯量表，可以代表具有不同水平收入、教育程度和职业声望的人所处的位置。研究表明 Mac Arthur 量表具有较好的信度指标，间隔 6 个月的重测信度为 0.62 (Adler, Epel, Castellazzo, & Ickovics, 2000)。本研究需要被试在同一个阶梯中分别描绘出蒙古族和汉族在当中的位置，将蒙古族的阶层数值减去汉族的阶层数值所得的结果作为民族阶层差异感知的衡量指标。

3. 民族刻板印象

高明华 (2010) 根据我国大学生实际情况，延续原有研究的词汇表述特点，通过"诚实、可信、热情、友好、有能力、有才干"六个维度去评估刻板印象，其中"诚实、可信、热情、友好"是刻板印象的道德维度，"有能力、有才干"是刻板印象的才能维度。本研究采用这六个维度的平均分去评估蒙古族对汉族的刻板印象，使用"我们想要了解的不是您个人的看法，而是请您根据自身的经验来推测"的指导语克服个体对自己真实想法的掩蔽。研究中询问被试："您认为大部分蒙古族人眼里的汉族是什么样的？"答案采用 1~7 分的 7 点计分，1 分表示一点也不诚实，7 分表示非常诚实。得分越高，表示对评估对象的刻板印象越积极，反之则越消极。

4. 文化依恋问卷

我们使用 Hong, Fang, Yang 和 Phua (2013) 编制的文化依恋问卷 (Cultural Attachment Style Scale, CAS) 对个体在新文化适应过程中对母体文化的文化依恋进行评估。问卷共 20 个题目，分为焦虑和回避两个维度，例如使用"我经常担心其他蒙古族人不想和我做朋友"反映对蒙古族的文化焦虑，使用"我很难让自己去相信其他的蒙古族人"反映对蒙古族的文化回避。答案采用 1~7 分的 7 点计分，1 分表示非常不同意，7 分表示非常同意。研究使用 CAS 去评估蒙古族在适应新环境时，对母体文化（蒙古族文化）的依恋情况，其中文化焦虑和文化回避的 α 值分别为 0.798 和 0.804。

5. 民族本质论

这一部分采用的是由高承海和万明钢 (2013) 根据 No & Hong 编制的民族常人理论量表 LTRS 翻译、修订的民族本质量表。量表由 8 个项目组成，例如"一个人的特点在很大程度上是由其所属的民族来决定的"，答案采用 1~6 分的 6 点计分，从 1 分（完全不同意）到 6 分（完全同意）。得分越高说明持有民族本质论程度越高，得分越低则说明持有民族建构论程度越高，总量表的内部一致性系数 α 为 0.78。量表具有很好的信度，可以作为测量民族本质论的工具。

三　结果

（一）共同方法偏差控制检验

研究采用问卷测量时，容易出现共同方法偏差。本研究使用了匿名法、指导语控制和插入无关问题的方法对共同方法偏差进行程序控制（周浩、龙立荣，2004）。数据收集完成后，采用 Harman 单因子检验法检验了共同方法偏差。结果显示，特征值大于 1 的因子共有 5 个，且第一个因子解释的变异量为 29.31%，远低于 40% 的临界值（Eby & Dobbins，1997），因此本研究的共同方法偏差不显著。

（二）主要变量的描述统计和相关分析

我们对被试的民族心理距离、民族阶层差异感知、民族刻板印象、民族本质论和文化依恋（焦虑和回避）进行了描述和相关分析。

结果显示：民族心理距离和阶层差异感知呈显著正相关，说明民族心理距离越大，阶层差异感知越强；民族心理距离和刻板印象得分呈显著负相关，说明认为蒙古族、汉族心理距离越大的蒙古族对汉族的刻板印象越消极；民族阶层差异和刻板印象得分呈显著负相关，说明认为蒙古族、汉族阶层差异越大的蒙古族人对汉族的刻板印象越消极。民族本质论和民族刻板印象得分呈显著负相关，说明具有越强的民族本质论的蒙古族人对汉族的刻板印象越消极；民族本质论和文化依恋的焦虑和回避维度呈显著负相关，说明本质论越强的蒙古族人，越少对母体文化产生焦虑和回避（表1）。

表 1　描述统计及相关分析结果

	M	SD	1	2	3	4	5	6	7
1. 民族心理距离	3.80	1.40	–						
2. 民族阶层差异	0.18	3.56	.15*	–					
3. 民族刻板印象	4.09	1.16	-.40**	-.19**	–				
4. 民族刻板印象－道德	3.88	1.24	-.39**	-.14*	.95**	–			
5. 民族刻板印象－才能	4.55	1.34	-.30**	-.24**	.85**	.66**	–		
6. 民族本质论	4.40	.79	.09	-.03	-.12*	-.13*	-.11		
7. 文化依恋－焦虑	3.73	1.22	.12*	.07	-.05	-.01	-.07	-.15**	–
8. 文化依恋－回避	5.15	.65	.20**	.17**	-.03	-.00	-.02	-.12*	.50**

*在 0.05 水平（双侧）上显著相关，**在 0.01 水平（双侧）上显著相关。

（三）民族心理距离和民族阶层差异对民族刻板印象的回归分析

1. 民族心理距离和阶层差异对道德刻板印象的回归分析

我们以民族心理距离和阶层差异感知作为自变量、道德刻板印象作为因变量进行逐步多元回归分析。回归分析结果显示，只有民族心理距离进入回归方程，可以显著负向预测道德刻板印象（$\beta = -0.39$，$p < 0.000$；$\Delta R^2 = 0.15$；$\Delta F = 50.42$，$p < 0.000$），解释率为 15%。

2. 民族心理距离和阶层差异对才能刻板印象的回归分析

我们以民族心理距离和阶层差异感知作为自变量、才能刻板印象作为因变量进行逐步多元回归分析。回归分析结果显示民族心理距离和阶层差异感知可以显著负向预测才能刻板印象，解释率为 13%。

表 2　民族心理距离和民族阶层差异对民族刻板印象的回归分析

预测变量	第一层（β）	第二层（β）	R^2	ΔR^2	F	ΔF
民族心理距离	-.30***		.09	.09	27.59***	53.25***
民族阶层差异	-.27***	-.20***	.13	.04	12.90***	5.84***

　*　$p < 0.05$，　**　$p < 0.01$，　***　$p < 0.001$，下同。

3. 民族心理距离和阶层差异对总体刻板印象的回归分析

我们以民族心理距离和阶层差异感知作为自变量、民族刻板印象作为因变量进行逐步多元回归分析。回归分析结果显示民族心理距离和阶层差异感可以显著负向预测民族刻板印象，解释率为 17%。

表 3　民族心理距离和民族阶层差异对民族刻板印象的回归分析

预测变量	第一层（β）	第二层（β）	R^2	ΔR^2	F	ΔF
民族心理距离	-.40***		.16	.16	53.25***	53.25***
民族阶层差异	-.38***	-.13*	.17	.02	30.00***	5.84*

分析数据说明民族之间的心理距离和阶层距离差异感知能够很好地预测个体（蒙古族）在新文化适应过程中对于主流文化群体（汉族）的刻板印象。由差异感知引发的刻板印象产生的偏见（庞小佳、张大均、王鑫强、王金良，2011），影响了个体在新环境中的适应状况。文化作为个体依恋对象，在个体进入新环境和适应新环境的过程中起到了安全保护的重要作用。因此，对主流文化群体的刻板印象和对母体文化的依恋之间就可能存在一定关系。高承海和万明钢（2013）的研究指出刻板印象和本质论有紧

密的关系，这一研究结论在本研究中也得以证实（$r = -0.12$，$p < 0.05$），同时他们还指出民族本质论作为中介可以影响到民族认同和刻板印象。那么，民族本质论在民族刻板印象与对母体文化的文化依恋之间是否也存在同样的中介作用？对此，我们将进行进一步检验。

（四）民族本质论在民族刻板印象与文化依恋间的中介作用

在对变量进行中心化处理后，我们使用回归分析对民族本质论在民族刻板印象和文化依恋之间的中介作用进行检验。结果显示：民族刻板印象能够显著负向预测本质论（$\beta = -0.12$，$p < 0.05$）；本质论能够显著负向预测文化依恋（焦虑维度）和文化依恋（回避维度）（$\beta = -0.16$，$p < 0.01$；$\beta = -0.13$，$p < 0.05$）；当民族刻板印象和民族本质论共同预测文化依恋（焦虑维度）和文化依恋（回避维度）时，民族刻板印象的预测作用不再显著（$\beta = -0.07$，$p > 0.05$；$\beta = -0.06$，$p > 0.05$），说明本质论在刻板印象和文化依恋之间起完全中介作用。同时，由于民族刻板印象对文化依恋（焦虑维度）和文化依恋（回避维度）的预测作用不显著（$\beta = -0.05$，$p > 0.05$；$\beta = -0.03$，$p > 0.05$），本质论在刻板印象和文化依恋之间起到广义中介作用（温忠麟、叶宝娟，2014）（见表4、表5和图2）。

表4　民族刻板印象和民族本质论对文化依恋（焦虑）的预测

预测变量	回归方程1（文化依恋-焦虑）			回归方程2（民族本质论）			回归方程3（文化依恋-焦虑）		
	β	SE	t	β	SE	t	β	SE	t
民族刻板印象	-.05	.06	-.93	-.12	0.39	-2.16*	-.07	.06	-1.29
民族本质论							-.16	.09	-2.67**
R^2	.00			.02			.03		
F	.87			4.67*			4.38*		

表5　民族刻板印象和民族本质论对文化依恋（回避）的预测

预测变量	回归方程1（文化依恋-回避）			回归方程2（民族本质论）			回归方程3（文化依恋-回避）		
	β	SE	t	β	SE	t	β	SE	t
民族刻板印象	-.03	.03	-.48	-.12	0.39	-2.16*	-.06	.05	-1.02
民族本质论							-.13	.07	-2.18*
R^2	.00			.02			.02		
F	.23			4.67*			4.22*		

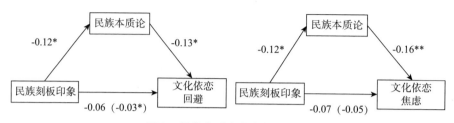

图2 民族本质论中介效应分析

鉴于以往使用回归方式进行中介效应检验存在的弊端（Mackinnon，Krull，& Lockwood，2000；Preacher & Hayes，2004），本研究使用Bootstrap进一步进行中介效应检验，该方法已被证明是更为准确的方式（Preacher，Rucker，& Hayes，2006；方杰、张敏强、邱皓政，2012；温忠麟、叶宝娟，2014）。按照中介效应分析程序（江程铭、李纾，2015），参照已有的Bootstrap方法（Hayes & Scharkow，2013；Preacher & Hayes，2004）进行中介效应检验，样本量选择5000，在95%置信区间下，中介检验的结果显示：民族本质论在蒙古族对汉族的民族刻板印象与文化依恋的回避维度上，区间没有包含0（LLCI=0.01，ULCI=0.11），表明民族本质论的中介效应显著，且中介效应的大小为0.06；民族本质论在蒙古族对汉族的民族刻板印象与文化依恋的焦虑维度上，区间没有包含0（LLCI=0.03，ULCI=0.17），表明民族本质论的中介效应显著，且中介效应的大小为0.10。

四　讨论

（一）外群体知觉对刻板印象的影响

本研究发现，与外群体的心理距离和阶层差异感知对刻板印象有预测作用。这不仅与以往关于民族心理距离和民族关系的研究结论一致：民族之间，彼此了解的程度越深，民族关系也就更加和谐，当感知到的差异过大时，这种差异就制约了族际相互交往愿望，并产生民族隔阂，甚至引发民族冲突（刘有安，2008）；同时也印证了阶层差异感知影响刻板印象的已有研究结论（刘峰、佐斌，2013）。

首先，民族之间的心理距离越远，族际差异感越强，刻板印象的消极程度越深。社会认知理论认为，假定社会资源是有限的，人们在发展自身的时候会和其他群体产生利益冲突，这种冲突会助长他们形成对竞争对手的消极态度，进而产生偏见，而消极刻板印象正是偏见的后果。

因此，族际心理距离会影响到外群体刻板印象，这在偏见的消除的研究中也得以佐证：促进群体接触、缩短心理距离是消除偏见的有效途径（戴宁宁，2011）。

其次，社会阶层能通过稳定的社会认知倾向影响个体心理和行为（胡小勇、李静、芦学璋、郭永玉，2014）。高、低阶层者在感知自我、他人和社会的方式上显著不同（Kraus，Piff，Mendoza-Denton，Rheinschmidt，& Keltner，2012）。由阶层差异感知形成的阶层刻板印象（class stereotype）就是按照阶层进行社会分类，形成关于不同社会阶层的固定印象，在阶层的刻板印象中，人们会依据群体的社会地位形成相应的刻板印象，即"阶层 = 能力"假设（刘峰、佐斌，2013），因此无论是高、低阶层都会对高地位群体做出高能力的评价，对低社会地位群体做出低能力的评价。本研究发现的阶层差异感知能够预测能力刻板印象（表2），同样印证了这样的论断。阶层对于道德刻板印象的影响则复杂得多，内群体偏好、对低阶层低能力进行道德维度上的高评价补偿（周春燕、黄海、刘陈陵、郭永玉、贺金波，2015）都可能是影响因素。因此，在对研究对象的个人阶层不进行严格控制的情况下，社会阶层差异不能够显著预测道德刻板印象。

（二）本质论对刻板印象与文化依恋的影响

已有研究显示，民族本质论对个体群际导向有重要影响，持有强烈的民族本质论信念的个体，更偏好内群体，与外群体的接触态度比较消极，僵化地依附于本民族群体（高承海、万明钢，2013）。在此基础上，本研究进一步讨论了个体适应新环境的过程中，民族刻板印象和本质论对个体对母体文化依恋的具体影响：对外群体的刻板印象会对个体在适应过程中对自身的母体文化的依恋产生影响，但是这样的影响是以个体民族本质论为中介的。

个体进入新环境时与主流文化中的个体或群体的互动过程，也是各种文化的互动和适应过程（Berry，Phinney，Sam，& Vedder，2006）。当个体进入一种新文化中去适应和生活时，刻板印象的存在就会导致歧视、刻板印象威胁和个体判断偏差等现象的出现。因此，个体在进行文化适应（accultu-ration）时，可能会采取不同的策略。Berry 提出了文化适应的双维度模型，即保持传统文化和身份的倾向性以及和其他文化群体交流的倾向性，并由此区分出了四种不同的文化适应策略：整合（integration）、同化（assimila-tion）、分离（separation）和边缘化（marginalization）（Berry，2003）。个体在与其他文化群体交流时使用的文化策略直接影响其整体适应，带来压力、焦虑等体验（Greenland & Brown，2005）。

个体对民族的本质的看法，影响着其跨越民族和文化边界的情感、动机和能力，民族建构观念引导个体认同和融入主流文化，使个体具有更少的偏见和刻板印象，在不同文化框架间的转换过程中表现出较高的灵活性和较低的压力水平，本质论则相反（Chao，Chen，Roisman，& Hong，2007；Jayaratne，Ybarra，Sheldon，Brown，Feldbaum，Pfeffer，& Petty，2006）。适应新文化的过程中，母体文化可以提供情感支持和在逆境中的保护，使个体获得舒适和安全（Hong，Fang，Yang，& Phua，2013）。因此，当个体在进入新环境中进行文化适应时的状态不同时，其对母体文化的文化依恋水平也会有变化，尤其是当个体在对新文化群体存在偏见时，个体会对母体文化表达出更强烈的依恋，以缓解自己在适应过程中出现的压力、焦虑等消极心理状态。

总体而言，在我国跨民族交往具体实践中，可以通过控制外群体知觉、改变个体本质论信念来影响族际关系，这为我国维护多文化交融和多民族和谐同存的现状，促进族际良好互动和帮助个体在不同民族之间的跨文化适应提供了一个崭新视角。

五　结论

（一）民族心理距离和阶层差异感知可以预测个体对其他民族的刻板印象。

（二）民族本质论在个体对其他民族刻板印象和对母体文化的文化依恋之间起中介作用。

参考文献

戴宁宁，2011，《维汉民族交往中的"民族心理距离"解析》，《新疆社会科学》（汉文版）第 5 期，第 42～50 页。

党宝宝、高承海、万明钢，2016，《民族刻板印象：形成途径与影响因素》，《西南民族大学学报》（人文社科版）第 5 期，第 202～206 页。

方杰、张敏强、邱皓政，2012，《中介效应的检验方法和效果量测量：回顾与展望》，《心理发展与教育》第 1 期，第 105～111 页。

高承海、侯玲、吕超、万明钢，2012，《内隐理论与群体关系》，《心理科学进展》第 8

期，第 1180~1188 页。

高承海、万明钢，2013，《民族本质论对民族认同和刻板印象的影响》，《心理学报》第 2 期，第 231~242 页。

高明华，2010，《刻板印象内容模型的修正与发展——源于大学生群体样本的调查结果》，《社会》第 5 期，第 193~216 页。

胡小勇、李静、芦学璋、郭永玉，2014，《社会阶层的心理学研究：社会认知视角》，《心理科学》第 6 期，第 1509~1517 页。

江程铭、李纾，2015，《中介分析和自举（Bootstrap）程序应用》，《心理学探新》第 5 期，第 458~463 页。

刘峰、佐斌，2013，《源监测框架下阶层刻板印象驱动的错误记忆》，《心理学报》第 11 期，第 1261~1273 页。

刘兴哲、贺雯、孙亚文，2014，《社会阶层及其心理效应》，《心理研究》，第 3 期，第 3~8 页。

刘有安，2008，《族际交往中的"民族心理距离"解析》，《云南社会科学》第 5 期，第 63~66 页。

庞小佳、张大均、王鑫强、王金良，2011，《刻板印象干预策略研究述评》，《心理科学进展》第 2 期，第 243~250 页。

唐鸣，2002，《民族文化差异与民族矛盾－论我国现阶段民族矛盾的文化原因》，《中南民族学院学报：人文社会科学版》第 1 期，第 37~41 页。

王新波、单洪雪，2008，《社会认知中的样例激活效应与内－外群体效应》，《心理科学》第 6 期，第 1413~1416 页。

汪新建、程婕婷、管健，2014，《解析群际偏见——基于刻板印象内容模型的认知神经研究》，《广东社会科学》第 3 期，第 173~180 页。

温忠麟、叶宝娟，2014，《中介效应分析：方法和模型发展》，《心理科学进展》第 5 期，第 731~745 页。

杨晓莉、刘力、赵显、史佳鑫，2014，《民族本质论对跨民族交往的影响——以中国内地的藏族大学生为例》，《心理科学》第 2 期，第 394~399 页。

赵志裕、陈侠，2013，《中国社会心理学评论》，社会科学文献出版社。

周春燕、黄海、刘陈陵、郭永玉、贺金波，2015，《评价者与被评价者的社会阶层对阶层刻板印象的影响》，《心理与行为研究》第 4 期，第 511~515 页。

周浩、龙立荣，2004，《共同方法偏差的统计检验与控制方法》，《心理科学进展》第 6 期，第 942~950 页。

Adler, N. E., Epel, E. S., Castellazzo, G., & Ickovics, J. R. (2000). Relationship of subjective and objective social status with psychological and physiological functioning: Preliminary data in healthy white women. *Health Psychology Official Journal of the Division of Health Psychology American Psychological Association*, 19 (6), 586–592.

Aron, A., Aron, E. N., & Smollan, D. (1992). Inclusion of other in the self scale and the structure of interpersonal closeness. *Journal of Personality& Social Psychology*, 63 (4), 596–612.

Bastian, B. & Haslam, N. (2006). Psychological essentialism and stereotype endorsem ent. *Journal of Experimental Social Psychology*, 42 (2), 228 – 235.

Bastian, B. & Haslam, N. (2008). Immigration from the perspective of hosts and immigrants: Roles of psychological essentialism and social identity. *Asian Journal of Psychology*, 11 (2), 127 – 140.

Berry, J. W. (2003). Conceptual Approaches to Acculturation. In: Chun, K., Balls-Organista, P. and Marin, G., (Eds.), *Acculturation: Advances in Theory, Measurement and Applied Research* (pp. 17 – 38). Washington DC: American Psychological Association.

Berry, J. W., Phinney, J. S., Sam, D. L., & Vedder, P. (2006). Immigrant youth in cultural transition. *Zeitschrift Fur Padagogik*, 55 (55), 303 – 332.

Chao, M. M., Chen, J., Roisman, G. I., & Hong, Hong, Y. Y. (2007). Essentializing race: Implications for bicultural individuals' cognition and physiological reactivity. *Psychological Science*, 18 (4), 341 – 348.

Cuddy, A. J., Fiske, S. T., & Glick, P. (2007). The BIAS map: Behaviors from intergroup affect and stereotypes. *Journal of Personality and Social Psychology*, 92 (4), 631.

Cuddy, A. J., Fiske, S. T., & Glick, P. (2008). Warmth and competence as universal dimensions of social perception: The stereotype content model and the BIAS map. *Advances in Experimental Social Psychology*, 40, 61 – 149.

Cuddy, A. J. C., Fiske, S. T., Kwan, V. S. Y., Glick, P., Demoulin, S., Leyens, J. P., & Sleebos, E. P. (2009). Is the stereotype content model culture-bound? A cross-cultural comparison reveals systematic similarities and differences? *British Journal of Social Psychology*, 48, 1 – 33.

Dweck, C. S., Chiu, C. Y., & Hong, Y. Y. (1995). Implicit theories and their role in judgments and reactions: A word from two perspectives. *Psychological Inquiry An International Journal for the Advancement of Psychological Theory*, 6 (4), 267 – 285.

Eby, L. T. & Dobbins, G. H. (1997). Collectivistic orientation in teams: An individual and group-level analysis. *Journal of Organizational Behavior*, 18 (3), 275 – 295.

Fiske, S. T., Cuddy, A. J., Glick, P., & Xu, J. (2002). A model of (often mixed) stereotype content: Competence and warmth respectively follow from perceived status and competition. *Journal of Personality and Social Psychology*, 82 (6), 878.

Greenland, K. & Brown, R. (2005). Acculturation and contact in Japanese students studying in the United Kingdom. *The Journal of Social Psychology*, 145 (4), 373 – 390.

Haslam, N., Bastian, B., Bain, P., & Kashima, Y. (2006). Psychological essentialism, implicit theories, and intergroup relations. *Group Processes & Intergroup Relations*, 9 (1), 63 – 76.

Hayes, A. F. & Scharkow, M. (2013). The relative trustworthiness of inferential tests of the indirect effect in statistical mediation analysis: Does method really matter? *Psychological Science*, 24 (10), 1918 – 1927.

Hong, Y., Roisman, G. I., & Chen, J. (2006). A model of cultural attachment: A new approach for studying bicultural experience. In M. H. Bornstein, & L. Cote (Eds.), *Acculturation and parent child relationships: Measurement and development* (pp. 135 – 170). Mahwah, NJ: Erlbaum.

Hong, Y. Y. , Chao, M. M. , & Sun, N. (2009). Dynamic interracial/intercultural proces-ses: The role of Lay theories of Race. *Journal of Personality*, 77 (5), 1283 – 1309.

Hong, Y. Y. , Chiu, C. Y. , Yeung, G. , & Tong, Y. (1999). Social comparison during political transition: Interaction of entity versus incremental beliefs and social identi-ties. *International Journal of Intercultural Relations*, 23 (2), 257 – 279.

Hong, Y. Y. , Coleman, J. , Chan, G. , Wong, R. Y. , Chiu, C. Y. , Hansen, I. G. , & Fu, H. Y. (2004). Predicting intergroup bias: The interactive effects of implicit theory and social identity. *Personality & Social Psychology Bulletin*, 30 (8), 1035 – 1047.

Hong, Y. Y. , Fang, Y. , Yang, Y. , & Phua, D. Y. (2013). Cultural attachment: A new theory and method to understand cross-cultural competence. *Journal of Cross-Cultural Psychology*, 44 (6), 1024 – 1044.

Jayaratne, T. E. , Ybarra, O. , Sheldon, J. P. , Brown, T. N. , Feldbaum, M. , Pfef-fer, C. A. , & Petty, E. M. (2006). White Americans' genetic lay theories of race differ-ences and sexual orientation: Their relationship with prejudice toward Blacks, and gay men and lesbians. *Group Processes & Intergroup Relations*, 9 (1), 77 – 94.

Kraus, M. W. , Piff, P. K. , Mendoza-Denton, R. , Rheinschmidt, M. L. , & Keltner, D. (2012). Social class, solipsism, and contextualism: How the rich are different from the poor. *Psychological Review*, 119 (3), 546 – 572.

Leach, C. W. , Ellemers, N. , & Barreto, M. (2007). Group virtue: The importance of morality (vs. competence and sociability) in the positive evaluation of in-groups. *Journal of Personality & Social Psychology*, 93 (2), 234 – 249.

Mackinnon, D. P. , Krull, J. L. , & Lockwood, C. M. (2000). Equivalence of the media-tion, confounding and suppression effect. *Prevention Science the Official Journal of the Society for Prevention Research*, 1 (4), 173 – 181.

No, S. , Hong, Y. Y. , Liao, H. Y. , Lee, K. , Wood, D. , & Chao, M. M. (2008). Lay theory of race affects and moderates Asian Americans'responses toward Amer-ican culture. *Journal of Personality & Social Psychology*, 95 (4), 991 – 1004.

Preacher, K. J. & Hayes, A. F. (2004). SPSS and SAS procedures for estimating indirect effects in simple mediation models. *Behavior Research Methods Instruments & Computers A Jour-nal of the Psychonomic Society Inc*, 36 (4), 717 – 731.

Preacher, K. J. , Rucker, D. D. , & Hayes, A. F. (2006). Addressing moderated mediation hypotheses: Theory, methods, and prescriptions. *Multivariate Behavioral Research*, 42 (1), 185 – 227.

Tooby, J. & Cosmides, L. (1992). The psychological foundations of culture. *Ceskoslovenská Epidemiologie Mikrobiologie Imunologie*, 39 (5), 265 – 71.

Tropp, L. R. & Wright, S. C. (2001). Ingroup identification as the inclusion of ingroup in the self. *Personality& Social Psychology Bulletin*, 27 (5), 585 – 600.

中国社会心理学评论　第 12 辑
第 52~72 页
© SSAP, 2017

汉语二语者文化混搭性及文化适应的情感特征、影响与缓冲机制[*]

伍秋萍　　胡桂梅[**]

摘　要： 本文在文化混搭与文化适应的理论框架下设计调查问卷，以期揭示汉语二语（CSL）学习者在华适应压力的群体特征、心理成因与缓解途径。研究 1 报告了一起心理危机个案并通过访谈分析其文化休克的表现；研究 2 随机调查了 52 名在广州学习汉语的留学生，结果显示，CSL 学习者的文化适应遵循 U 形变化规律，思乡情感和与中国文化的焦虑型依恋关系是适应压力形成的主要原因；研究 3 通过网络平台随机抽样了 110 名在北京和广州学习的留学生并分析其文化适应的影响和缓解途径，结果表明思乡情感造成了 CSL 学习者对中国文化的焦虑，进而形成文化适应压力，并进一步对学习者的文化探索行为、文化承诺、学习满意度带来影响，然而这种压力可以通过与中国文化的交际经验来缓解。

关键词： 汉语二语者　文化混搭　文化适应　跨文化交际

一　引言

近年来随着中国综合国力和国际地位的不断提升，来华留学生日益增

---

* 感谢评审专家和吴莹博士对本文提出的修改意见。本文是教育部人文社会科学研究青年基金项目 "留学生汉语习得过程中的二次成长：文化适应性的形成与影响"（项目号：13YJCZH203）的阶段性成果。

** 通信作者：伍秋萍，中山大学外国语学院，讲师，硕士生导师，Email：wuqp@ mail. sysu. edu. cn；胡桂梅，中山大学管理学院，博士生，Email：fxwt112@163.com.

多。据教育部官网统计，截至 2014 年共有来自 203 个国家和地区的 377054 名各类来华留学人员，遍布全国 775 所高等院校，学历生占 43.6%。现在，中国已成为继美国和英国之后的第三大留学生输入大国。大部分留学生来华是为了学习汉语和了解中国文化，他们又被称为汉语二语学习者（简称 CSL）。第二语言的学习，在某种程度上讲也是第二文化的学习，因此语言与文化的输出是当前国际汉语教育承担的两大使命（施家炜，2000），更是我国"一带一路"战略政策的核心目标之一。

然而，随着留学生群体的加大，这群来自世界各地不同文化背景的 CSL 学习者在华的适应问题开始凸显。2013 年 8 月 8 日凌晨，某高校非洲籍留学生（H 同学）在宿舍突然情绪失控，企图伤人和破坏公物。事实上，类似 H 同学这样因适应不良而诱发情绪问题的个案在来华留学生中时有出现（易佩、熊丽君，2013；刘宏宇，贾卓超，2014）。理论上，第二语言学习者在目的语国家的文化适应是外语教学、文化心理学等领域共同关注的话题（Hong，Fang，Yang，& Phua，2013；余伟、郑钢，2005；郑岱华，2007）。因而，本文将从实际案例（研究 1）出发，分析 CLS 学习者在华适应中可能存在的问题，并进一步在文化混搭与文化适应理论框架下设计调查问卷来揭示 CSL 学习者在华适应过程中压力感知的群体特征与心理成因（研究 2）、影响和缓冲机制（研究 3），以期在理论层面上丰富文化混搭和文化适应的内涵，在应用层面上对在校留学生的管理和心理辅导工作有所启示。

二　研究背景与假设

（一）汉语二语者独特的文化混搭性

汉语二语者，指的是以汉语作为第二语言的学习者。汉语在此又被称为"目的语"，中国被称为"目的语国家"。二语习得既包括语言的习得，又包括文化的习得，二语者介于符合母语国家文化规范和目的语国家文化规范之间的言语和行为被界定为"中介语"和"中介文化行为"（王建勤，1995；施家炜，2000；郑岱华，2007）。二语者所处的"中介"状态正体现了文化混搭的内涵。所谓的"文化混搭"，指的是两个或两个以上不同的文化传统，通过它们的载体，同时呈现在同一时空中（Chiu，Mallorie，Keh，& Law，2009）。其中的文化载体包括文化成员、文化制度与实践，以至象征某文化的符号（Chiu & Chen，2004）。因此，汉语二语者可被视为一群以母语及汉语目的语为文化载体的双文化混搭体，学习者的中介语是母语与汉语两种语言、两种思维的混搭结果，中介文化行为是母语文化行为和汉语文化行为的融合混搭。

事实上，文化混搭的研究视角是近年掀起的会聚心理学（polycultural psychology）所倡导的新的研究范式，更关注不同文化间的互动形式及它们造成的社会、文化和心理后果（Morris, Chiu, & Liu, 2015；赵志裕、吴莹、杨宜音，2015）。有学者提出，人们在环境需要的情境下，可以策略性地表现或压抑与内群体文化相符的行为（Morris, Hong, Chiu, & Liu, 2015），建构新的文化知识系统，并灵活运用文化知识实现目标，表现出动态而非刻板的文化行为（Hong & Chiu, 2001；Hong, Morris, Chiu, & Benet-Martinez, 2000）。近年，由于全球化进程的加快，来自不同种族、文化背景和社会制度的人们逐渐融入同一个生活圈，文化混搭已成为生活环境的常态（赵志裕、吴莹、杨宜音，2015）。在当今中国社会，中外文化穿梭交错，既可见传统地道的北京豆汁、上海小笼包、广州早茶，又随处可见标志着外来文化的星巴克、麦当劳等。移居中国的外国人面对的不仅仅是传统东方文化，还可通过寻找多元文化标志让自己尽快适应中国生活。因此，全球化背景下的移居者在异域文化下的文化心理建构过程可能存在独特性。

（二）汉语二语者不同混搭形式的跨文化交际经验与文化适应的关系

跨文化交际能力指的是在目的语文化中做出适当的文化行为，是 CSL 学习者在适应异域文化的过程中需要提高的重要技能（施家炜，2000）。跨文化交际能力的形成是一个渐进的动态建构的过程，它通过与目的语国家的人或事的交织而形成，例如学习异国的语言、吃异国的食物、交异国的朋友等。依据文化混搭形式的不同，我们可以将食、说、玩、旅居等方面的跨文化交际经验分为"多元文化暴露经验"（例如能说几个不同国家的语言）和"指向目的语国家（即中国）的文化暴露经验"（例如能说多流利的汉语）。两者反映了文化暴露对象的多元性和目的性。有学者发现长期浸淫在多种文化中的人会对文化混搭有强烈反应（Torelli, Chiu, Tam, Au, & Keh, 2011），因此不同混搭形式的跨文化交际经验可能带来学习者不同程度的心理反应，对文化适应的促进机制亦不同。

从文化适应的定义来看，跨文化交际能力的形成亦是文化适应的过程。文化适应是个体因地理位置的迁移和流动产生的心理状态，指的是个人面临本族文化与异域主文化的碰撞时所经历的心理调适的过程，具有阶段性（Ward & Rana-Deuba，1999；Berry，2003）。如果个体能很好地适应目的地文化，那么他将与目的地文化形成良好的依恋关系，可以更好更快地融入社会，反之则可能感知到适应压力（acculturative stress），从而出现心理健康状况下降的现象，表现为困惑、焦虑、抑郁、疏离感、边缘感、认同混乱、身体精神症状增多等（Berry，1990）。文化适应分期假说（Berry，1990；2003）认为文化适应是一个呈 U 形的渐进阶段，包括兴奋期、文化休克期、初步适应期和基本适应期四个阶段，并指出文化休克可能对日常生活带来负面效应（Salant & Lauderdale，2003）。

（三）研究问题与假设

总的说来，过往的研究多以西方文化为异域主文化背景，国内关于来华 CSL 学习者的文化适应研究仍处于起步阶段（吕玉兰，2000；易佩、熊丽君，2013；赖红玲，2014）。这群来到当下以社会主义为主文化导向的 CSL 学习者是否也存在文化休克现象？他们过往的多元文化交际经验以及当下形成的中国文化交际经验是否有助于他们更好地适应中国的生活和学习？探讨不同混搭形式的跨文化交际经验对 CSL 学习者文化适应的促进机制对丰富会聚心理学的内涵有着重要的理论价值，对第二语言教学亦具有重要的指导意义。因此，本文试图考察：（1）CSL 学习者文化适应的共性与特异性；（2）CSL 学习者文化适应的心理成因、影响与缓解机制，逐步验证以下四个研究假设。

假设一：CSL 学习者文化适应遵循 U 形曲线变化规律。

依据文化适应分期假说和文化动态建构论，文化适应是一个动态建构文化知识的过程，可能存在兴奋期、文化休克、初步适应和基本适应四个阶段，因此本研究采用横断面研究设计，抽样不同留学阶段的 CSL 学习者探讨汉语学习时间与文化适应之间的关系，以此探讨 CSL 学习者文化适应的共性与特异性。

假设二：CSL 学习者文化适应压力源于思乡情感和中国文化焦虑；思乡情感可能促发中国文化焦虑，进一步加重文化适应压力。

对于 CSL 学习者文化适应的心理成因，我们将从个体与母文化的思乡情感（homesick）及个体与异域文化的依恋关系（attachment style）两个方面进行探讨。由于学习者远离母文化，长期生活于异域文化下，与母文化之间的情感必然会影响到个体在异域文化下的情感感受，因此思乡情感是文化适应压力的主要根源之一。研究发现思乡情感往往使得个体较难适应新环境（Stroebe, Vliet, Hewstone, & Willis, 2002），在认知上表现为难以同化新体验（Bell & Bromnick, 1998）。此外，个体与异域文化之间的依恋关系亦是影响个体文化适应的重要心理因素，依恋关系包括焦虑型、回避型、安全型三种风格（López-Pedraza, 1990；Hong, Fang, Yang, & Phua, 2013）。在陌生的环境中，高焦虑依恋者容易体验到更多的对孤独、挫折的担心和忧虑，并产生较高水平的压力感（Wang & Mallinckrodt, 2006）。我们推测，思乡情感和文化焦虑可直接影响压力感知，同时还存在一条中介路径，即个体对母国的思念影响个体形成与异域文化的安全依恋，被激发的高焦虑将加重压力感知。

假设三：文化适应压力对学习者的文化探索行为、文化承诺、学习满意度可能带来负面影响。

Phinney（1992）认为文化心理建构的过程是多层次的，既包括情感上的体验，又包括认知和行为，情感体验可能会对认知行为产生影响。因此，我们推断文化适应压力可能会阻碍个体积极的文化探索和文化承诺。此外，已有研究表明文化适应压力对个体的身心影响非常明显，是国际学生抑郁和自杀的重要影响因素（Hovey, 2000；Constantine, Okazaki, & Utsey, 2004），导致更多的人际交往问题出现（Nicholson, 1997），这些身心上的不适势必影响留学生的学习。因此本研究将从学习满意度探讨文化适应的影响。

假设四："多元文化暴露经验"和"指向目的语国家（即中国）的文化暴露经验"均能一定程度上缓解文化适应压力，但后者效应更显著。

跨文化交际行为是影响留学生文化适应的重要因素（Chi & Suthers, 2015；孙畅、孙淑华，2015），它可能成为一个可操控、可习得的缓解文化适应压力的重要手段。在本研究中，我们将通过半开放性题目考察学生在食、说、玩等方面的跨文化交际经验，跨文化交际经验分为"多元文化暴露经验"和"指向中国的文化暴露经验"。前者指的是 CSL 学习者喜欢多少个不同国家的饮食、能说几个国家的语言、能交多少个国家的朋友；后者指的是 CSL 学习者喜欢吃多少个不同的中国菜或经常去几个不同的中国餐厅、能说多流利的汉语以及使用汉语的频率、能交几个不同的中国朋友。由于后者目的性更强，我们预期后者对压力缓解的效应更强。

三　研究 1：突发心理适应危机事件的个案分析

（一）学生背景

该生（H 同学）是某高校短期进修班学生。据班主任 W 老师反映，H 同学常迟到且常忘记带课本，独自一人坐在教室最后一排，怯于回答老师的提问。当 H 同学在课堂上消失后，W 老师便再也没有见过该生，直到事发后接到学院电话，要求其以班主任身份与学生谈话。

（二）访谈记录

下文为 W 老师事后整理的谈话记录的部分内容。

（1）学生表现出较强的功利性留学动机和明显的文化冲突。

> 开始谈话时 H 同学有点拘谨，我先问了些他来学汉语的想法。"他说在他们国家很多人想来中国学习汉语，所有人来留学都是为了在中国赚钱，所以他父母也很支持他来中国。"谈及在中国生活的情况，"他说刚来中国时，觉得有很多冲突，例如地铁里别人一直盯着他看并称呼'老外'，坐公车时中国乘客的不礼让，看病时中国人插队，广州天气不好，常常生病，无法适应广州医院的条件。学校生活中也有很多不适应的地方，无法适应与他国同学同住，无法开通宿舍网络而不知向谁求助"。

（2）学生经常旷课并有严重的睡眠问题。

> 问及旷课现象，他回答："晚上睡不着，常常看电视或是电影到清晨四五点。"……H 同学长期以来存在很严重的睡眠问题，他说自己一直以来对声音都很敏感，他觉得自己的舍友总是在说话，声音很大很吵。我问他当身边的人很吵时他会做什么，他说自己一般不会去说别人，自己会把电视声音尽量开到很大，掩盖掉旁边的声音。

（3）学生人际交往困难并有强烈的思乡情绪。

平时经常待在宿舍，与同学关系一般，无法融入班级，感觉其他很多同学已经是一个小团体了。来中国后只有一个叫 L 的朋友在北京，与他一起游过长城……他说自己喜欢旅游，但来中国两年多的时间里似乎也没有去过太多地方。一个人感觉很孤独，很想念自己家人和朋友，因此而感到难过。每每提及自己的国家就会露出笑容。

（4）对突发情况事件的还原。

他在一张白纸上边画边讲："我旁边屋子的人能说出我爸爸妈妈的名字，他们怎么可能知道他们的名字？他们把我们当作 enemies，要伤害我父母和我，要跟我 fighting，所以我追出去了，我们在楼下 fighting。""后来就砸到了宿舍牌，是吗？"他也承认自己当时砸坏了东西。他说在自己的国家，我们要保护自己的父母，就要与别人 fighting。说到这段回忆时，他依然还有一些愤怒的情绪，但不愿告诉我们最近有没有发生什么不开心的事情。

（5）学生心理援助接受意愿低。

见其情绪平和，我接着说："如果有一位比我更专业的可以帮助你的老师，你是否愿意接受他的帮助？"他表现得有些犹豫，说自己只想在这里学习汉语，从未想过这种问题。我一遍又一遍地重复，他都回答不愿意。最后，H 同学还是向学院索要了进修班课程安排，并说自己想回到初级班重新学习。

（三）个案特点与反思

首先，从日常生活来看，该同学来华留学有很强的功利性，生活空间狭小，没有发展良好的社交关系，无法理解中国人的生活习惯和价值观，且强烈地思念自己的亲人，从而长期处于焦虑状态。当这些积累的不适和焦虑遇到导火线时，就激起了过激的行为反应。与宿舍同屋之间产生了摩擦时，H 同学没有及时地沟通，而是选择改变自己，"把声音尽量开到很大"，从而埋下与同屋"战争的火种"。在学习方面，H 同学由于生活上无法与同学正常沟通、建立良好的同屋或朋友关系，因此睡眠和学习受到了影响。学习上的落伍也有可能导致 H 同学不愿用汉语与同学沟通，造成了恶性循环。

从 H 同学生活和学习上的不适应表现来看，H 同学的表现存在一定程度的文化休克现象。Oberg（1960）将文化休克定义为"由于失去了自己熟悉的社会交往信号或符号，对于对方的社会符号又不熟悉，从而在心理上产生的深度焦虑症"。Clarke（2006）则把文化休克概念应用到二语学习者群体中，认为二语学习者被母语文化和目的语文化两种互相矛盾的心理、价值观、语言习惯所左右，对周围的交际场景无所适从，就会表现出文化休克状态。这种不适应的休克状态与本族大学生（尤其是新生）刚入学时出现的适应性问题有共同点但仍有着本质区别。虽然两者都会表现出对陌生环境的抗拒和焦虑，但本族人的焦虑主要来自同学之间人际关系、生活习惯的差异，以及学习压力和对家人的思念，而造成二语者孤单与焦虑的除了上述原因外还有语言的不足和价值观的冲突，尤其是价值观的冲突可能直接带来本人对异域文化的抗拒。

此外，该事件属于典型的心理危机突发事件，但无法找到对接的心理咨询老师。同时，学生也怯于求助。虽然近年高校心理咨询老师的配备情况已得到改善（安芹、贾晓明、尹海兰，2011；许莹，2015），但其所要面对的中国学历生数量庞大，无暇顾及外籍留学生。这反映了高校留学生心理辅导工作方面的欠缺，留学生的管理跟不上留学生增长的速度。高校心理老师在缺乏跨文化咨询经验的情况下更不敢轻易介入留学生的心理危机干预。因此，随着留学生，尤其是学历生纳入中国高校体系，留学生的日常管理和心理辅导应逐渐提上高校管理日程。由于上述个案属于突发的心理危机事件，因此该留学生的情绪行为相对偏激。令人深思的是，排除其表面的行为特征，其所表现出来的文化休克现象是否在普通留学生群体中也存在？压力根源是什么？有没有适当的调节方式？基于这些问题，本文以已有一定汉语学习经历的留学生为调查对象，从实证角度揭示文化适应的群体特征、压力根源和缓解途径。

四　研究2：文化适应的群体特征与压力根源调查

（一）调查对象

依据文化适应分期假说，个体在移居目的语国家半年后更易出现不适应的心理状态，从而出现文化休克现象。因此，本次调查以在华学习汉语半年以上、两年以内且更易出现文化休克的中级 CSL 学习者为研究对象。本研究以广州某高校本科二年级学历生和中一至中二的进修班学生为目标群体，共收集 52 份数据，这些学生中男女各占 50%，平均年龄为 22.82 岁，分别来自 20 个国家和地区，其中印度尼西亚、韩国和泰国学生相对较多。

（二）研究假设与调查内容

为了检验研究假设一（CSL 学习者文化适应遵循 U 形曲线变化规律）和假设二（留学生文化适应压力主要源于思乡情感和中国文化焦虑），我们采用中英对译的方式测量了以下两部分变量。第一部分是反映留学生文化适应的多项指标，包括文化认同量表（含文化探索与文化承诺两个维度，各 3 题）（Phinney，1992）、文化适应压力量表（36 题）和思乡情感量表（23 题）（Hong，Fang，Yang，& Phua，2013），量表尺度均为 1~6分，三份量表的内部一致性系数均达到 0.8 以上。其中文化认同量表反映的是个体对异域文化的探索行为和认知层面的认同感，代表正向地、积极地适应异域文化，是临床领域常用的适应性指标。压力量表和思乡情感则从负向反映适应过程中的情感体验。第二部分是文化依恋量表（20 题）（Hong，Fang，Yang，& Phua，2013），分别从焦虑型、回避型、安全型三个维度测量个体与异域文化之间的依恋风格。三个子量表的内部一致性系数分别为 0.82、0.61、0.76，其中焦虑子量表信度最高。为避免各维度之间的共线性问题，后续分析只采用中国文化焦虑这一指标。

（三）调查结果

1. 文化适应的群体特征

文化适应的特征分别从正向与负向两方面反映出来，其中正向特征通过积极的文化探索与文化承诺两个指标测量，而负向特征通过压力感知与思乡情感测量，四个指标均符合正态分布。

首先，从表 1 可见，这群中级 CSL 学习者的正向特征显著高于负向特征，其压力感知（M = 2.60）和思乡情感（M = 2.78）的均值均低于 3 分，而积极的文化探索（M = 3.22）和文化承诺（M = 3.43）的均值均高于 3分但并未高于量表中点值 3.5 分，这表明 CSL 学习者在中级阶段已经基本适应中国文化，但并未达到理想的积极适应阶段。

其次，从四个指标的相关分析来看，相同方向的特征高度相关，即压力感知与思乡情感（r = 0.73）、文化探索与文化承诺（r = 0.64）之间显著相关。然而，压力感知、思乡情感与文化探索却呈现了显著的正相关（r =

0.48/r = 0.34），与文化承诺之间的相关则未达到统计显著性。初步推断，对于中级阶段的留学生而言，负向的情感感知依然存在，但并未阻碍学习者积极地探索中国文化。由于预调查人数有限，该推断有待进一步验证。

表1　文化适应情感指标的描述性统计结果（研究2）

	均值	标准差	压力	思乡	探索	承诺
压力感知	2.60	0.65	1			
思乡情感	2.78	0.78	0.73*	1		
文化探索	3.22	1.11	0.48*	0.34*	1	
文化承诺	3.43	1.10	0.23	0.18	0.64*	1

＊在0.05水平（双侧）上显著相关，下同。

2. 文化适应压力与来华时间的关系

依据文化适应理论，我们将来华时间分为四个阶段，阶段1为来华半年以内，即蜜月期（11人）；阶段2为来华半年至1年，即危机期（9人）；阶段3为来华1~2年，即修复期（12人）；阶段4为来华2年以上，即基本适应期（15人）。图1呈现了文化适应压力与四个阶段之间的关系，呈现近似倒U形的分布。接着，我们以来华时间（以月为单位）和来华时间的平方为自变量，以文化适应压力为因变量放入逐步回归方程模型，结果显示来华时间的二次项达到边缘显著水平（$p = 0.067$）。

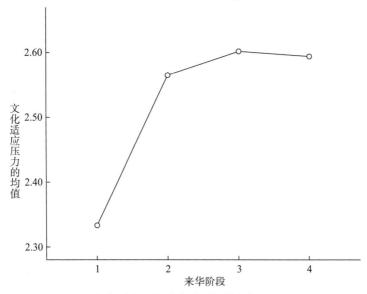

图1　文化适应压力随来华时间的变化（研究2）

3. 文化适应压力的根源：思乡情感与文化依恋的共同作用

在此，我们采用分层回归的方式，第一步，我们将思乡情感放入回归方程，模型显著（$R^2 = 0.512$，$F = 53.54$，$p < 0.001$），思乡情感对文化适应压力有非常显著的预测作用（$\beta = 0.723$，$t = 7.317$，$p < 0.001$）。第二步，将中国文化焦虑纳入回归方程，结果显示回归方程显著（$R^2 = 0.581$，$F = 32.265$，$p < 0.001$）。可见，在控制思乡情感后，中国文化焦虑对文化适应压力的预测作用亦达到显著水平（$\beta = 0.268$，$t = 2.594$，$p = 0.013$），详见表 2。

表 2　思乡情感与中国文化焦虑对文化适应压力的预测回归模型（研究 2）

模型		非标准化系数 B	标准误 SE	标准化系数 Beta	t	Sig.
1	常数项	.922	.236		3.900	.000
	思乡情感	.601	.082	.723	7.317	.000
2	常数项	.702	.239		2.935	.005
	思乡情感	.507	.086	.609	5.894	.000
	中国文化焦虑	.209	.081	.268	2.594	.013

4. 研究 2 小结

基于在广州学习汉语的留学生的调查显示：（1）CSL 学习者在中级阶段已经基本适应中国文化，文化探索行为和文化承诺要多于压力的感知和对家乡的思念；（2）压力感知随时间的迁移而改变，呈现近似倒 U 形的变化趋势；（3）思乡情感与文化焦虑依恋是文化压力感知的主要根源。

五　研究 3：文化适应压力的缓解与影响

（一）调查对象

本次调查以北京和广州某高校修读汉语二语专业的本科学历生和进修学生为目标群体，通过问卷星收集了 110 份数据，其中男生 47 人，女生 63 人，他们的平均年龄为 24.9 岁。

（二）调查内容

为了进一步检验研究假设三（文化适应压力对学习者的文化探索行为、文化承诺、学习满意度可能带来负面影响）和假设四（"多元文化暴露经验"和"指向中国的文化暴露经验"均能一定程度上缓解文化适应压力，但后者效应更显著），调查问卷包括五个部分。第一部分与研究 2 相同，但为了简化量表，我们依据研究 2 对量表的分半信度分析、因素分析的结果，将压力量表和思乡情感量表缩减为原始量表的一半长度。其中压力量表共 18 题，$\alpha = 0.919$；思乡情感量表共 12 题，$\alpha = 0.927$。第二部分仅采用中国文化焦虑量表测量学习者的文化依恋，共 8 题，$\alpha = 0.951$。第三部分反映留学生在华期间的学习情况，包括学习目标取向（$\alpha = 0.940$）和学习满意度（$\alpha = 0.834$）。第四部分通过半开放性题目评估学习者在食、说、玩等方面的跨文化交际经验。第五部分是学生的个人基本信息以及汉语水平。

（三）调查结果

1. 测量版本的同质性检验

为满足不同汉语水平学习者的语言习惯，本次调查由学生自主选择英文版（52 人）、中文版（23 人）和中英双语版（35 人）。选择不同版本的调查者在各项语言能力指标上存在差异，其中网络中文版的调查者在中国学习时间偏长，日常更频繁地使用汉语且流利程度更高。以文化适应相关的多项指标作为因变量的方差分析结果显示，三个版本在思乡情感和文化焦虑两项指标上的均值具有显著差异（$p < 0.001$），其中中英双语版的思乡情感和文化焦虑显著高于另外两个单语版本。初步推测，自主选择的双语版本可能对个体带来了一定程度的文化启动效应（Gries，Sanders，Stroup，& Cai，2015）

2. 重复验证文化适应群体特征的分布及其与来华时间的关系

描述性统计结果显示 $M_{压力感知} = 2.68$，$M_{文化探索} = 4.55$，$M_{文化承诺} = 4.18$，以上数据表明这群 CSL 学习者整体而言压力感知较小，基本适应中国文化。图 2 显示，文化适应压力随来华时间增长呈近似倒 U 形的转化，重复验证了研究假设 1。然而，末端的压力水平并没有下降到第一阶段的水平，原因可能是我们的样本没有足够多的高级汉语水平的留学生。然而，相关分析结果显示，压力感知与文化适应之间呈边缘显著的负相关（$r = -0.187$，$p = 0.050$），压力感知与文化适应之间的关系并未重复得到研究 2 的正相关的结果。我们推断，两者的关系可能随着留学生所处的阶段不同而有所改变。两者的关系将在下一节借助中介模型做进一步探讨。

3. 文化适应群体特征指标之间的关系：中介效应检验

由于中英双语版的思乡情感和文化焦虑存在操纵效应，我们剔除该版本后检验各项特征指标之间的关系。为验证假设二，探索思乡情感对 CSL 学习者的文化探索行为和文化承诺带来的影响，我们参考 Preacher 和

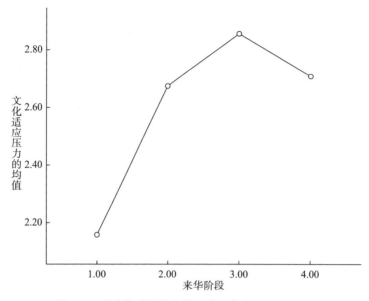

图 2 不同来华阶段的文化适应压力水平 （研究 3）

Hayes（2008）的研究进行 Bootstrap 分析。结果发现，第一"思乡情感 – 文化焦虑 – 压力感知 – 文化探索"的中介路径显著（模型 95% 的置信区间为 ［0.0016，0.2601］，不含 0），即思乡会提升焦虑，加大压力感知，但压力感知并未抑制探索行为，而是转化为动力促使个体对异域文化的探索；第二，"思乡情感 – 压力感知 – 文化探索"的中介路径也显著（模型 95% 的置信区间为 ［0.0021，0.0798］，不含 0），即思乡情感可通过压力感知的一步中介桥梁促进文化探索；第三，"思乡情感 – 文化焦虑 – 文化承诺"的中介路径也成立（模型 95% 的置信区间为 ［0.0357，0.3091］，不含 0），即思乡情感会通过提升文化焦虑加强文化承诺。

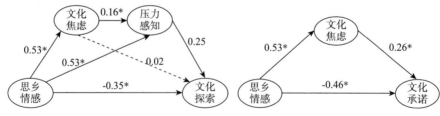

图 3 从思乡情感到文化适应的中介模型 （研究 3）

4. 文化适应压力的缓解与影响：跨文化交际经验的中介作用

第一步，我们分别以压力感知、文化探索、文化承诺、学习满意度为因变量，采用逐步回归将语言、交友、饮食、旅行/居住的跨文化交际经验指标纳入四个回归方程，以期寻找对文化适应和学习满意度预测效应较强的行为指标。最终筛选出四个对文化适应较为敏感的行为指标，分别是汉语使用频率、中国朋友数、中国菜个数和异国旅游国家数。HSK 级别是唯一一个对学习满意度有直接显著效应的变量。

　　第二步，我们分别以汉语使用频率、中国朋友数、中国菜个数和异国旅游国家数四个跨文化交际经验指标建构中介模型，探讨这些交际经验如何影响文化适应，并进一步影响学生的学习满意度。我们参考 Preacher 和 Hayes（2008）的研究进行 Bootstrap 分析，所有中介模型均将 HSK 级别作为控制变量。四组中介模型（如图 4）揭示了以下重要结果：（1）HSK 级别，即学生的真实语言水平是直接影响学生学习满意度的主要原因；汉语日常使用频率并不能降低压力感知，但可以加强学生的文化探索和文化承诺，从而提升学习满意度；（2）结交的中国朋友越多，压力感知越小，文化承诺越高，学习满意度也越高；（3）经常去不同的餐厅吃中国菜存在两种相反的效应，若吃中国菜的行为可以在动机上加强个体的文化探索和文化承诺，学习满意度就越高；若该行为与文化心理无关，则无法提升学习满意度，反而降低满意度；（4）旅游经验越丰富，文化探索越强，其学习满意度也越高。

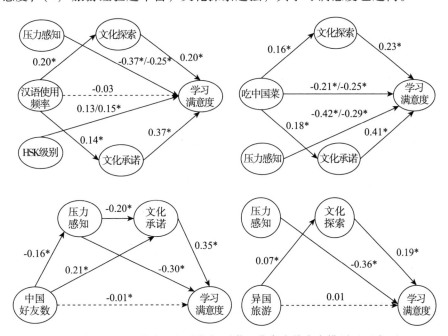

图 4　从四项跨文化交际经验指标到学习满意度的中介模型（研究 3）

5. 研究3小结

通过上述分析我们有以下三点发现。（1）重复验证了研究2的结论，即CSL学习者能较好地适应中国文化，文化探索行为和文化承诺要多于压力的感知和对家乡的思念，均呈现阶段性的变化。（2）思乡情感与文化依恋依然是压力感知的主要根源，但思乡情感对文化适应正向指标（探索与承诺）的影响有不同的中介路径。第一，思乡情感可以直接影响文化探索，产生负向抑制效应；第二，思乡情感可以通过加强文化焦虑与压力感知，或是先诱发文化焦虑再加强压力感知，从而产生一种正向动力，间接地促发更多的文化探索；第三，思乡情感同样可以通过文化焦虑这个中介桥梁产生正向动力，间接地提升文化承诺。可见，整体而言思乡情感与文化探索、文化承诺之间的关系可以是双向的，这与研究2检测到的中级阶段留学生所表现出来的正相关关系并不相悖。（3）学生感受到的文化适应压力会降低其在校期间的学习满意度；在控制了对学习满意度产生直接影响的实际语言水平（HSK级别）后，我们发现跨文化交际经验可以通过文化探索、文化承诺这样的文化心理桥梁提升学习满意度；不过，不同的跨文化交际行为对文化适应有不同的缓冲机制，其中交友这项指标对降低压力感知有显著的缓冲效应，其余三项指标则是提升文化适应正向指标的重要手段。

六 讨论

本研究以一群以东方文化（特指中国文化）为异域主文化的CSL学习者为研究对象，从实证角度揭示CSL学习者文化适应的群体特征，及其与移居西方主流社会的ESL学习者相比较有何共性与特异性；并从CSL学习者对主文化的思乡情感和对异域文化的依恋关系分析其适应压力的根源；更进一步区分不同的跨文化交际经验，探讨一般意义上的多元文化暴露经验与有目的取向的异域文化暴露经验（特指中国文化）对文化适应压力的缓冲效应及对CSL学习者在华期间学习满意度的影响。

（一）CSL学习者文化适应的共性与特异性

本研究选用了四个用于反映文化适应的特征指标，其中正向特征通过积极的文化探索与文化承诺进行测量，负向特征通过压力感知与思乡情感进行测量。研究1通过个案访谈引申出研究问题，研究2抽样了52名在广州学习汉语的中级阶段的留学生进行了调查，而研究3则将样本从地域上扩展至北京，从中级阶段扩展至初级、高级阶段。研究 2 与研究 3 均发现，不同阶段的 CSL 学习者均能较好地适应中国文化，其正向的文化探索和文化承诺要多于负向的情感体验。虽然正负向特征均随留学时间的加长呈现阶段性的变化趋势，但大部分学习者即使进入了文化分期假说所预期的危机期（来华半年至 1 年）和修复期（1~2 年）也并未出现真正意义上的文化休克。由此可见，CSL 学习者在适应中国文化的过程中，依然遵循基于 ESL 学习者文化适应变化的规律，在来华半年内正向情感体验较高，堪称"蜜月期"，并随着时间的变化而呈现 U 形变化轨迹。然而，像个案报告中 H 同学那样的文化休克现象并不普遍。CSL 学习者能很好地度过所谓的"危机期"而进入情绪相对平缓的"修复期"，表现出较好的适应状态。

值得注意的是，本研究虽然试图扩展了抽样样本，但这群 CSL 学习者大多还是来自亚洲国家，例如韩国、日本、越南、泰国、马来西亚、印度尼西亚等。这些国家与中国文化相似性高，两国之间文化距离较短，相似的母国文化有助于学习者尽快适应中国文化（魏岩军、王建勤、朱雯静，2015），故而没有出现所谓的"适应危机"，因此本研究所窥探到的文化适应特性有待于未来研究的深入探讨，特别是母国与中国的文化距离对学习者文化适应的影响有待于进一步研究。

（二）形成文化适应压力的情感因素和文化因素

研究 2 通过分层回归分析发现，CSL 学习者文化适应压力的形成缘于个体对母国的思乡情感和与中国文化的不安全依恋，与前人的研究结果一致（López-Pedraza，1990；Hong，et. al，2013；Stroebe，Vliet，Hewstone，& Willis，2002）。学习者远离家乡而产生的思念使其感受到在异国他乡的巨大压力，这也与吕玉兰（2000）分析留学生作文语料所反映的情绪状态相一致，思乡情感是产生压力的主要情感根源。在控制了思乡情感的水平后，我们发现文化依恋对适应压力产生了重要影响，尤其是焦虑型依恋关系，例如"我经常担心中国人不想和我做朋友"。这种不安全的依恋关系使得身在异国他乡的 CSL 学习者不敢主动结交中国朋友，或是在别人靠近时产生了焦虑，这无疑是文化适应的一大拦路虎。这一推测也在跨文化交际指标中得到了进一步的验证。

研究 3 重复验证了上述结论，同时还发现了思乡情感这一情感因素的"双刃剑"角色。一方面，思乡情感可以直接影响文化探索和文化承诺，产生负向抑制效应；另一方面，思乡情感却可以通过加强文化焦虑与压力感知，或是先诱发文化焦虑再加强压力感知，产生一种正向动力，间接地促发更多的文化探索和文化承诺。可见，思乡情感和文化焦虑并不可怕，它们虽然是产生压力感知的根源，但学习者也有可能将其转换为一种探索、适应、认同新文化的内在动力。这给予心理工作者和学习者个体非常重要的启示：一味地抑制对家乡的思念和克服在异域文化下的焦虑感未必是加速适应的捷径，将这种负面情绪转换为动力，才能更好地适应异域文化。

（三） 文化适应压力的缓解与影响

在心理层面，学习者若能将思乡情感和文化焦虑所诱发的适应压力转换为一种探索、适应、认同新文化的内在动力，那么这无疑是帮助其适应异域文化、提升生活学习满意度的有效手段，然而这种内在转换不易在行为层面上指导和操控，因此不少研究者试图从心理因素转向非心理因素探讨调节文化适应压力的途径（Chi & Suthers，2015；吕文娇，2015）。本研究将非心理因素聚焦于 CSL 学习者的跨文化交际行为。相比普通大学生群体，CSL 学习者本身已经具有一定的跨文化交际能力，他们比普通大学生具有更多的在异国旅行、生活、品尝异国美食以及结交异国好友的机会。依据文化混搭理论，研究 3 将食、说、玩、交友等方面的跨文化经验分为多元文化暴露经验和指向中国的文化暴露经验，以此区别在跨文化交际经验中不同的文化混搭形式给文化适应带来的影响。研究 3 分析发现，在控制了对学习满意度产生直接影响的实际语言水平（HSK 级别）之后，跨文化交际经验通过促使 CSL 学习者有更多的文化探索或文化承诺这样的文化心理桥梁进一步提升学习满意度，但不同的跨文化交际行为对文化适应有不同的缓冲机制。

一个比较有趣的研究发现是，只有"交友"这个层面的跨文化交际经验，尤其是结交中国好友能够有效地降低 CSL 学习者的文化适应压力，从而提高文化承诺，并进一步提高学习满意度。而更为常见的异国旅行、品尝异国美食等反映多元文化暴露的跨文化行为体验与文化适应压力之间却没有发现显著的缓冲效应。究其原因，异国旅行、品尝异国美食等属于比较浅层的文化接触行为，甚至也许这些行为依然是和本国群体一起进行的，因此这种文化曝光的程度并不足以让 CSL 学习者对异国文化产生更深的了解，也就不能有效帮助他们更好地适应异国文化。而结交异国朋友，特别是目的语国家的朋友则属于相对较深的文化接触行为，汉语二语习得则大大增加了他们与中国群体沟通交际的机会，而与中国朋友交往，更是可以全方位地深入中国生活的日常方面，达到深度的文化曝光，从而提升他们对中国文化的认同（Chiu, Gries, Torelli, & Cheng, 2011；Morris,

Chiu, & Liu, 2015），最终有效地帮助他们更好地融入中国文化环境。

　　虽然语言、饮食、旅游不像交友一样对文化适应压力有显著的缓冲效应，但这些交际经验却也是提升文化适应正向指标的重要手段，例如这些交际经验可以使得个体即使在压力很大的情况下依然能保持正向积极的文化探索和较强的文化承诺。对于语言而言，汉语日常使用频率是关键，它可以提升学生的文化探索和文化承诺，从而提升学习满意度，这与第二语言习得所强调的"语用能力"不谋而合（Thomas，1983；王建勤，1995）。语言行为的"适切性"也正是跨文化交际能力的本质，是二语学习者到中高级阶段核心的学习目标。本研究从实证角度证明了语用能力是文化探索的重要技能，对语言学和文化心理学均有重要启示。对于饮食而言，经常去不同的餐厅吃中国菜实际上存在两种相反的效应，若吃中国菜的行为可以在动机上提升个体的文化探索和文化承诺，那么学生的学习满意度就越高；若该行为与文化心理无关，那么反而会降低满意度。推其原因，前者体现了学习者透过饮食探索新文化的主观能动性，而后者脱离了文化心理的建构，"经常去"或许表达的是"没办法，不得不经常去"的无奈心理，是对校内所供饮食的一种排斥，故而会降低学生在校的学习满意度。可见，文化心理的建构起到了非常重要的中介桥梁的角色，亦符合文化动态建构论的观点，即人们在生活中会主动构建文化知识，并灵活运用文化知识实现目标（Hong & Chiu，2001；Hong，Morris，Chiu，& Benet-Martinez，2000）。对于旅游而言，旅游经验越丰富，文化探索越强，其学习满意度也越高。可见，文化心理再次起到了中介桥梁的作用。综上，从应用层面来看，这些研究结果对那些针对留学生的高校教育机构有着重要指导意义。一方面，我们需要充分鼓励学生主动结交异国朋友，另一方面，我们也需要加强其对汉语二语习得的重视。在正常的学习生活之外，我们可以多组织一些留学生与中国学生之间的互动或联谊活动，以帮助他们更好地适应当地文化，进而提升他们的学习效能和学习满意度。

参考文献

安芹、贾晓明、尹海兰，2011，《高校心理咨询师的专业能力及专业发展》，《心理科学》第 2 期，第 451～455 页。

赖红玲，2014，《留学生跨文化适应中的压力与影响因素研究》，《教育与教学研究》第 11 期，第 37～41 页。

刘宏宇、贾卓超，2014，《来华留学生跨文化适应研究——以来华中亚留学生为个案》，

《中央民族大学学报》（哲学社会科学版）第 4 期，第 171 ~ 176 页。

吕文娇，2015，《留学生跨文化交际障碍成因分析及对策》，《语文教学通讯·D 刊（学术刊）》第 2 期，第 68 ~ 70 页。

吕玉兰，2000，《来华欧美留学生的文化适应问题调查与研究》，《首都师范大学学报》（社会科学版）第 3 期，第 158 ~ 170 页。

施家炜，2000，《跨文化交际意识与第二语言习得研究》，《世界汉语教学》第 3 期，第 64 ~ 74 页。

孙畅、孙淑华，2015，《语言教学中的跨文化交际能力培养》，《内蒙古师范大学学报》（教育科学版）第 3 期，第 122 ~ 124 页。

王建勤，1995，《跨文化研究的新维度——学习者的中介文化行为系统》，《世界汉语教学》第 3 期，第 38 ~ 49 页。

魏岩军、王建勤、朱雯静，2015，《不同文化背景汉语学习者跨文化认同研究》，《华文教学与研究》第 4 期，第 38 ~ 47 页。

许莹，2015，《我国高校心理咨询与心理健康教育运行制度解析》，《教育探索》第 6 期，第 125 ~ 127 页。

易佩、熊丽君，2013，《非洲来华留学生跨文化适应水平实证研究》，《沈阳大学学报》（社会科学版）》第 3 期，第 364 ~ 368 页。

余伟、郑钢，2005，《跨文化心理学中的文化适应研究》，《心理科学进展》第 13 卷第 6 期，第 836 ~ 846 页。

赵志裕、吴莹、杨宜音，2015，《文化混搭：文化与心理研究的新里程》，《中国社会心理学评论》第九辑，第 1 ~ 18 页。

郑岱华，2007，《文化适应模式与汉语作为第二语言习得效果的相关研究》，硕士学位论文，北京语言大学。

Bell, J. & Bromnick, R. (1998). Young people in transition: The relationship between homesickness and self-disclosure. *Journal of Adolescence*, 21 (6), 745 – 748.

Berry, J. W. (1990). Psychology of acculturation. In J. Berman (Ed.), *Nebraska symposium on motivation. Vol.* 37: *Cross-cultural perspectives* (pp. 201 – 234). Lincoln: University of Nebraska Press.

Berry, J. W. (2003). Conceptual approaches to acculturation. In K. Chun, P. B. Organista, & G. Marin (Eds.). *Acculturation: Advances in Theory, Measurement, and Applied Research.* (pp. 17 – 37). Washington DC: American Psychological Association.

Chi, R. B. & Suthers, D. (2015). Assessing intercultural communication competence as a relational construct using social network analysis. *International Journal of Intercultural Relations*, 48, 108 – 119.

Chiu, C. – y. & Chen, J. (2004). Symbols and interactions: Application of the CCC model to culture, language, and social identity. In S. – h. Ng, C. Candlin, & C. – y. Chiu (Eds.), *Language matters: Communication, culture, and social identity*. Hong Kong: City University of Hong Kong Press.

Chiu, C. – y., Gries, P., Torelli, C. J., & Cheng, S. Y. Y. (2011). Toward a social psychology of globalization. *Journal of Social Issue*, 67 (4), 663 – 676.

Chiu, C. - y. , Mallorie, L. , Keh, H. T. , & Law, W. (2009). Perceptions of culture in multicultural space: Joint presentation of images from two cultures increases in-group attribution of culture-typical characteristics. *Journal of Cross-Cultural Psychology*, 40, 282 – 300.

Constantine, M. G. , Okazaki, S. & Utsey, S. O. (2004). Self-concealment, social self-efficacy, acculturative stress, and depression in African, Asian, and Latin American international college students. *American Journal of Orthopsychiatry*, 74 (3), 230 – 241.

Clarke, M. A. (2006). Second language acquisition as a clash of consciousness. *Language Learning*, 26 (2), 377 – 390.

Gries, P. , Sanders, M. A. , Stroup, D. R. , & Cai, H. - J. (2015). Hollywood in China: How American popular culture shapes Chinese views of the "Beautiful Imperialist" – an experimental analysis. *The China Quarterly*, 224, 1070 – 1082.

Hong, Y. - y. & Chiu, C. - y. (2001). Toward a paradigm shift: From cultural differences in social cognition to social cognitive mediation of cultural differences. *Social Cognition*, 19, 118 – 196.

Hong, Y. - y. , Fang, Y. , Yang, Y. , & Phua, D. P. - L. (2013). Cultural attachment-a new theory and method to understand cross-cultural competence. *Journal of Cross-Cultural Psychology*, 44, 1024 – 1044.

Hong, Y. - y. , Morris, M. , Chiu, C. - y, & Benet-Martinez, V. (2000). Multicultural minds: A dynamic constructivist approach to culture and cognition. *American Psychologist*, 55, 709 – 720.

Hovey, J. D. (2000). Acculturative stress, depression, and suicidal ideation among Central American immigrants. *Suicide and Life-Threatening Behavior*, 30 (2), 125 – 140.

López-Pedraza, R. (1990). *Cultural Anxiety*. Einsiedeln: Daimon.

Morris, M. W. , Chiu, C. - Y. , & Liu, Z. (2015). Polycultural psychology. *Annual Review of Psychology*, 66, 631 – 659.

Morris, M. W. , Hong, Y. - y. , Chiu, C. - y. , & Liu, Z. (2015). Normology: Integrating insights about social norms to understand cultural dynamics. *Organizational Behavior and Human Decision Processes*, 129, 1 – 13.

Nicholson, B. L. (1997). The influence of pre-emigration and post-emigration stressors on mental health: A study of Southeast Asian refugees. *Social Work Research*, 21 (1), 19 – 33.

Oberg, K. (1960). Culture shock: Adjustment to new cultural environments. *Curare*, 7 (2), 177 – 182.

Phinney, J. S. (1992). The multigroup ethnic identity measure: A new scale for use with diverse groups. *Journal of Adolescent Research*, 7 (2), 156 – 176.

Preacher K. J. & Hayes, A. F. (2008). Asymptotic and resampling strategies for assessing and comparing indirect effects in multiple mediator models. *Behavior Research Methods*, 40 (3): 879 – 891.

Salant, T. & Lauderdale, D. S. (2003). Measuring culture: A critical review of acculturation and health in Asian immigrant populations. *Social Science & Medicine*, 57 (1), 71 – 90.

Stroebe, M. , Vliet, T. V. , Hewstone, M. , & Willis, H. (2002). Homesickness among students in two cultures: Antecedents and consequences. *British Journal of Psychology*, 93 (2), 147 – 168.

Thomas, J. (1983). Cross-cultural pragmatic failure. *Applied Linguistics*, 4 (2), 91 – 112.

Torelli, C. J., Chiu, C. - y., Tam, K. P., Au, A. K. C., & Keh, H. T. (2011). Exclusionary reactions to foreign cultures: Effects of simultaneous exposure to cultures in globalized space. *Journal of Social Issues*, 67 (4), 716 – 742.

Ward, C. & Rana-Deuba, A. (1999). Acculturation and adaptation revisited. *Journal of Cross-Cultural Psychology*, 30 (4), 422 – 442.

Wang, C. & Mallinckrodt, B. S. (2006). Differences between Taiwanese and U. S. cultural beliefs about ideal adult attachment. *Journal of Counseling Psychology*, 53 (2), 192 – 204.

中国社会心理学评论　第12辑

第73~92页

多元文化经验增强外文化排斥反应?

——开放性和本文化认同的作用 *

胡洋溢　韦庆旺　陈晓晨 **

摘　要：多元文化经验是一把双刃剑，以往研究发现它可以提升创造性，但本研究认为它也会增强外文化排斥反应。91名具有不同多元文化经验的中国大学生对麦当劳在长城开分店的中美文化混搭情境进行了评价。对于多元文化经验较少（从来未出国和留美时间4~6个月）的被试，开放性高低对他们评价麦当劳的态度没有影响；对于多元文化经验较多（留美时间2年以上）的被试，那些开放性较高的人比开放性较低的人对麦当劳有更负面的评价（外文化排斥）；多元文化经验和开放性的这一交互作用只存在于对中国文化有较高认同的被试身上。进一步的深度访谈和质性分析表明，具有丰富多元文化经验的人所产生的外文化排斥反应与对文化信息的深加工有关。这些研究结果对"认知深加工产生整合反应，认知浅加工产生排斥反应"的观点做出了重要补充。

关键词：多元文化经验　开放性　文化排斥反应　文化认同

---

 * 中国人民大学科学研究基金（中央高校基本科研业务费专项资金资助）项目成果，项目批准号：16XNB033。感谢匿名审稿人和本辑特约主编赵志裕和吴莹对文章提出的宝贵意见。

** 胡洋溢，中国人民大学心理学系本科生；通信作者：韦庆旺，中国人民大学心理学系，国家民委民族语言文化心理重点研究基地，副教授，硕士生导师，E-mail：wqwmickey@126.com；陈晓晨，中国人民大学心理学系，国家民委民族语言文化心理重点研究基地，讲师，硕士生导师。

一　引言

作为史上首部有着官方"中美合拍影片"头衔的动画电影,《功夫熊猫3》火爆上映,占据全球多地票房榜首,并频频打破纪录。在电影中,"水墨山水背景、庙会、面条、功夫、针灸、爆竹、杂耍、书法、青砖白瓦、店小二"等中国文化元素在电影中表现得淋漓尽致。但谁会想到这部现在好评如潮的动画片在刚进入中国市场时几经波折,外媒评论说,"因为它伤害了一部分人的感情"。2008 年 6 月,在《功夫熊猫》第一部上映之际,自称"熊猫艺术家"的赵半狄拿着"《功夫熊猫》滚回去"的横幅亲自前往国家广电总局电影局,呼吁抵制好莱坞电影《功夫熊猫》在中国的上映,他给出的其中一个理由是这部动画片"盗窃"中国的国宝和功夫。在全球化盛行的今天,人们不仅可以接触到多种不同的文化,还能经常看见不同文化相互结合、两种或多种文化混合并存的产品或事物,学者称之为文化混搭现象(赵志裕、吴莹、杨宜音,2015)。

在面对全球化背景下产生的文化混搭现象时,人们可能会产生两种反应:整合本文化与外来文化的差异而增强创造性,维护本文化的纯洁性而排斥外来文化(Chiu, Gries, Torelli, & Cheng, 2011)。前者是一种理性的(经济的、以问题解决为导向的)对文化信息进行认知加工整合的过程,后者是自然的(分类的、以社会判断为导向的)与外来文化划清界限的情感防御过程(Chiu, Gries, Torelli, & Cheng, 2011)。更进一步,研究者认为理性反应是认知深加工的结果,自然反应是认知浅加工的结果,增加(减少)认知加工深度不仅可以提升(降低)创造性,还可以缓解(增强)对外来文化的排斥反应(Leung & Chiu, 2010; Leung, Maddux, Galinsky, & Chiu, 2008; Torelli, Chiu, Tam, Au, & Keh, 2011)。然而,全球化导致的文化之间由接触和差异产生的冲突不仅会发生在认知的浅层,还会随着文化接触层面的加深而增强(彭璐珞,2013)。以往研究发现,认知深加工是一把双刃剑,它究竟产生何种性质的结果取决于加工者自身的习惯性思维模式(chronic functionalist mindset)和态度(Jost, Glaser, Kruglanski, & Sulloway, 2003; Tam, Leung, & Chiu, 2008)。我们认为,多元文化经验不同的人,面对文化混搭有不同的思维模式,提升认知加工深度不仅可以增强文化整合的创造性,还可能会增强对外文化的排斥反应。同时,对本文化的认同为这种外文化排斥反应提供了态度基础。本研究通过人格开放性来考察认知加工深度,探讨多元文化经验和认知加工深度对外文化排斥反应的影响，以及本文化认同在其中所起的作用。

（一）多元文化经验与文化混搭反应

多元文化经验（multicultural experience）是指所有直接或间接与外文化的元素或成员接触交流的经历（Leung, Maddux, Galinsky, & Chiu, 2008）。虽然全球化给个体带来的多元文化经验是他们产生文化混搭反应（理性反应或自然反应）的前提，但将多元文化经验的多少作为影响文化混搭反应因素的研究还很少（Leung, Maddux, Galinsky, & Chiu, 2008; Leung & Chiu, 2010; Maddux & Galinsky, 2009）。有研究者指出，多元文化经验应该有大小形式（larger forms and milder forms）之分，前者称为大多元（Big M，M 为 multicultural experience 的缩写，字母大写是为了强化多元文化经验比较多），指有在国外生活多年或者移民国外等经历，与外国元素有非常深入的交流，以往研究关注此类多元文化经验的较多；后者称为小多元（little m，m 为 multicultural experience 的缩写，字母小写是为了强化多元文化经验比较少），体现在移民和国外生活经历之外的日常生活之中，比如未出国生活过的中国人的学外语、看美剧、听英文歌等经历，这些经验同样属于多元文化经验，更体现出全球化通过经济一体化和文化传播使全球大量未出国的人也具有一定多元文化经验的强大影响力，但以往研究关注此类多元文化经验的较少（Rich, 2009），将两类多元文化经验进行对比的研究更少。

Leung 和 Chiu（2010）编制了一个针对欧裔美国人的多元文化经验调查表，用来测量一个人接触多元文化经验的多少，包括懂得几种外语、是否在国外生活过、父母是否是移民、喜欢餐馆的文化种类，等等。可见，该调查表所调查的多元文化经验涵盖了 little m 和 Big M。使用该调查表的研究表明，多元文化经验越多的人，产生的非同寻常的想法越多，对外来文化观念的接受度越高，从而创造性水平越高（Leung & Chiu, 2010）。Maddux 和 Galinsky（2009）对比了国外生活和国外旅游两种经历对创造性的影响，发现前者（而不是后者）能够提高创造性，并且这种效应取决于被试在国外生活时是否努力地适应不同文化。类似地，研究者发现如果被试仅有多元文化经验，其创造性并不一定可以提升，他们还需要对其他文化有较多深入的认识。当被试的认知闭合需求较高（寻求确定答案），或产生存在恐惧时，他们拒绝了解和认识外文化，从而减弱了多元文化经验与创造性的关联（Leung & Chiu, 2010）；而当他们的开放性比较高时，会比较乐于了解和认识外文化，从而加强了多元文化经验与创造性的关联（Leung & Chiu, 2008）。

从理论上说，除了影响创造性，多元文化经验也应该会影响外文化排斥反应。然而，目前有关外文化排斥反应的研究并没有考察多元文化经验这一因素。以往对外文化排斥的研究通常将某种文化的被试置于外文化符号侵入自己文化符号的情境中，发现他们对该种对本文化符号产生侵犯的外来文化有强烈的排斥反应。例如，跑鞋被美国人看作美国文化的符号，让美国人评价一个中国公司生产的跑鞋 (Torelli, Chiu, Tam, Au, & Keh, 2011)；长城被中国人看作中国文化的符号，让中国人评价一家开在长城的麦当劳餐厅 (Yang, 2011)；亚坤早餐店是新加坡的传统老字号，让新加坡人评价麦当劳收购亚坤早餐店事件 (Tong, Hui, Kwan, & Peng, 2011)。在类似情境中，受到研究者重视的是被试的文化身份，而不是其多元文化经验的多少。同样是麦当劳收购亚坤早餐店，在新加坡留学的中国大陆学生则不会产生排斥反应，因为他们的文化身份与文化混搭中的两种文化（美国文化和新加坡文化）均没有关系 (Tong, Hui, Kwan, & Peng, 2011)。因此，究竟多元文化经验的多少（而不仅是文化身份本身）对外文化排斥反应有什么影响，尚未有人研究。

（二） 开放性与文化混搭反应

开放性属于大五人格理论的一个维度，指一个人对新经验和新观念的欣赏程度，是否善于整合多种视角和思维，采用不同寻常的方式解决问题的程度，以及具有艺术性、冒险性和好奇心的程度 (Costa & McCrae, 1992；McCrae & Costa, 1997)。开放性的高分获得者通常喜欢了解和接受新事物，对新的经验采取开放态度，具有想象力和创造力。在面对一个与自己文化不同的新异文化时，开放性高的人乐于了解和学习新的文化经验 (Sturmer, Benbow, Siem, Barth, Bodansky, & Lotz-Schmitt, 2013)，更可能对两个文化不同的地方进行感知、加工甚至整合，从而提升创造性；相反，如果一个人的开放性不高，那么他将对新异文化采取封闭的态度，多元文化接触的经历反而会使他无所适从，觉得本文化受到威胁 (Leung, Maddux, Galinsky, & Chiu, 2008；Leung & Chiu, 2008)。类似地，如果个体产生高认知闭合的需求（急需一个确定答案），或者被唤起存在恐惧，他也会对新异文化采取封闭态度，从而降低创造性 (Leung & Chiu, 2010)。

因此，以往研究者认为在面对多元文化混搭的事物时，开放即产生创造，封闭即产生排斥。更进一步，开放产生创造是因为对文化混搭信息进行深加工；封闭产生排斥是因为对文化混搭信息进行浅加工 (Chiu, Gries, Torelli, & Cheng, 2011；Morris, Mok, & Mor, 2011)。例如，创造性的提升往往发生在被试所面对的两种文化具有显著的差异（甚至是产生一定冲突感），并且被试对这种差异进行深入比较时（Cheng & Leung，2012），同时这种不相容的差异对比也会减少积极情绪或引起一定的消极情绪（消极情绪产生深加工）（Cheng，Leung，& Wu，2011）。相反，认知闭合的浅加工被看作人们面对文化混搭情境时产生外文化排斥反应的根本原因（Morris，Mok，& Mor，2011）。如果能够增加加工深度，则可以减弱外文化排斥反应（Torelli，Chiu，Tam，Au，& Keh，2011）。

（三）　认知深加工与外文化排斥反应

对外文化的排斥反应一定是经验封闭及浅加工的结果吗？动机驱动的社会认知观点（motivated social cognition perspective）认为，认知深加工不一定总是产生包容和整合的反应（Jost，Glaser，Kruglanski，& Sulloway，2003）。例如，一般来说，认知深加工可以增加对违规行为和污名群体的宽容，但对于权威主义人士而言，认知深加工却会使其产生对违规行为和污名群体进行更严厉惩罚的态度（Tam，Leung，& Chiu，2008）。因为权威主义人士的习惯性思维模式就像一位直觉的政客，总是站在维护规则和秩序的立场上思考问题，而不是像直觉的科学家那样基于客观证据进行以准确性为衡量标准的思考（Tetlock，2002；韦庆旺、俞国良，2010）。也就是说，认知加工深度是一把双刃剑，它既可以产生整合性的反应（包容的反应），也可以产生排斥性的反应。究竟产生何种性质的反应，取决于加工者自身具有什么样的习惯性思维模式。

在文化混搭情境中，两种文化同时呈现所引起的基本心理过程是对两种文化的差异和不匹配性进行对比（Chiu & Cheng，2007；Maddux，Leung，Chiu，& Galinsky，2009），并引起对两种文化典型特征（和刻板印象）的突出知觉（Chiu，Mallorie，Keh，& Law，2009）。然而，人们具备的多元文化经验的多寡导致其对文化典型特征的认知程度不同。关于双元文化认同整合（Bicultural Identity Integration，BII）的研究发现，那些多元文化经验丰富的双文化人比多元文化经验缺乏的单文化人在对文化信息进行认知时更复杂（对文化图片有更丰富及更抽象的描述）（Benet-Martinez，Lee，& Leu，2006）。对于多元文化经验较少的人（little m）来说，由于并没有在异国亲身经历外文化的濡染，他们对不同文化的认识尚没有形成深刻的概念，对外文化的认识主要基于刻板印象，对本文化的认识也没有经过与外文化进行深入对比的冲击；对于多元文化经验较多的人（Big M）来说，在异国生活的真实经历使他们有很多机会验证或纠正之前对外文化形成的刻板印象，进而对外文化的认识更加深入，同时由于文化对比，他们对本文化的认识也更加深入。

开放性高的人对外文化采取开放学习的态度，在文化混搭情境中更倾向于关注外文化元素；开放性低（封闭）的人对外文化采取封闭态度，在文化混搭情境中更倾向于关注本文化元素。对于多元文化经验较少的人来说，高开放性会提升他们对外文化基于刻板印象的认识，低开放性则使他们更关注熟悉的本文化元素，总体而言，他们对两种文化元素混合呈现的文化混搭情境不会产生明显的积极或消极反应。对于多元文化经验较多的人来说，高开放性促使他们用真实的外文化生活经历挑战和纠正之前形成的对外文化的刻板印象，进而产生对外文化的负面评价，低开放性促使他们避免用真实的外文化生活经历检讨对本文化的积极认知，反而区隔性地验证了之前形成的对外文化的刻板印象，进而产生对外文化的正面评价。

（四）文化认同与外文化排斥反应

外文化排斥反应产生的一个根本原因是对文化混搭情境采用社会文化的分类框架（以下简称文化框架）而不是理性经济的任务框架（以下简称经济框架）进行信息加工，前者引起对不同文化结合之意义冲突的加工，是自然的反应；后者引起对不同文化结合之成本效益的分析，是理性的反应（Tong，Hui，Kwan，& Peng，2011）。换言之，文化排斥反应比文化整合反应牵涉更多的文化情感。以往有关文化混搭引起文化排斥反应的研究中，通常将某种文化的被试置于外文化符号侵入自己文化符号的情境中，以引起被试的情感反应，同时，被试的文化身份被看作产生这种情感反应的前提。Tong 等人（2011）的研究发现，在评价麦当劳收购新加坡传统老字号亚坤早餐店的事件时，新加坡人有明显的负面评价（排斥反应），而在新加坡留学的中国大陆学生则没有负面评价。在类似的一些研究中，也有研究者假定被试所具有的文化身份使其在面对文化混搭引起文化深层冲突时会自然地引起防御性的排斥反应（Torelli，Chiu，Tam，Au，& Keh，2011；Yang，2011）。

一些研究明确将文化认同作为文化排斥反应出现的边界条件（吴莹、杨宜音、赵志裕，2014）。例如，对本文化的认同度越高，人们对于潜在的外文化入侵的排斥反应越强烈（Tong，Hui，Kwan，& Peng，2011）；而对外文化认同越高，则越不会产生排斥反应（Morris，Mok，& Mor，2011）。Torelli 等人（2011）通过启动被试的死亡意识引起他们对本文化的依恋和认同，随后被试对文化污染的混搭情境产生了更强烈的排斥反应。可见，在面对文化混搭情境时，人们对本文化的高度认同比他们的文化身份本身更能够解释外文化排斥反应的本质。站在动机驱动的社会认知角度，文化认同可以看作决定文化混搭情境中社会认知导向何种性质结果的态度和动机基础（Jost, Glaser, Kruglanski, & Sulloway, 2003）。人们的认知加工越深入，人们越会发展更精细更系统的论据来支持自己的态度（Cacioppo, Petty, Kao, & Rodriguez, 1986）。因此，前述多元文化经验和开放性影响外文化排斥反应的效应，只存在于那些对本文化认同水平比较高的人身上。

（五）　当前研究

与以往研究认为对外文化的排斥反应基于认知浅加工的观点不同，本研究认为认知深加工也会增强外文化排斥反应。同时，以往研究通常将多元文化经验与文化整合反应相联系，而将文化身份（以及文化认同）与文化排斥反应相联系，较少研究探讨多元文化经验与文化排斥反应的关系，本研究首次对这一问题进行了讨论。我们选取留美 2 年以上、留美 4~6 个月以及从未出国等三种不同多元文化经验的中国大学生为被试，借用 Yang（2011）设计的麦当劳要在长城开分店的广告作为文化混搭刺激，考察被试的外文化排斥反应，同时测量被试的人格开放性，通过开放性与多元文化经验的交互效应来间接检验认知加工深度在多元文化经验影响外文化排斥反应中的作用，同时测量被试的中国文化认同，检验开放性是否是多元文化经验增强外文化排斥反应的先决条件。在研究之后，我们对部分被试进行了深度访谈，期望通过质性分析来进一步揭示多元文化经验和开放性影响外文化排斥反应背后的心理过程，看看其中是否包含了对文化信息的深加工和更深入认识。

二　方法

（一）　被试

本研究的被试均为以普通话为母语的中国人（$N = 91$；35 名男生），平均年龄为 21.55 周岁，被试中 90% 为本科生，其余为硕士生或博士生。被试分为三组：第一组被试从未在美国生活或学习过（$N = 31$），第二组是在美国待了 4~6 个月的留学生（$N = 30$），第三组是在美国待了 2 年以上的留学生（N =30）。本研究以在美国待的时间长短作为衡量多元文化经验差异的标准，因此从第一组到第三组的多元文化经验是逐级递增的。

（二）测量

1. 多元文化经验量表

为了检验三组被试的多元文化经验是否存在差异（类似操控检验），同时初步考察作为连续变量的多元文化经验与文化排斥反应之间的关系，本研究采用 Leung 和 Chiu（2010）开发的多元文化经验量表对被试的多元文化经验进行测量。该量表原本的目标群体是欧裔美国人，我们在此基础上加以改编形成适用于中国被试的多元文化经验量表。被试需在 10 点量表上标明自己接触外文化的频率有多高（1 = 从未接触，10 = 常常接触），并写出所有去过的国家和会讲的外语。此外，该量表还包括对被试的父母、密友的国籍调查以及被试最喜欢的餐厅、音乐人和电视节目分别出自哪些国家。计分方式为每个项目以百分比计分，然后相加。例如最喜欢的电视节目这一项，问卷中提供 5 个空格，若被试填的电视节目中有 3 个不是中国电视节目，则这个项目的得分为 3/5 = 0.6，其他项目的处理方法类似。

2. 开放性

本研究采用 Saucier 在 1994 年制定的简化大五人格量表中测量开放性维度的项目来评判被试的开放性程度，该项目含七个形容词，分别为"复杂的、有创造性的、深沉的、聪明的、思辨的、缺乏创造性的和缺乏才智的"，被试需在一个 9 点量表上标明这些形容词描述自己的准确程度（1 = 极其不准确，9 = 极其准确），其中后两个形容词为反向计分题（Saucier，1994）。

3. 文化认同

对中国文化的认同采用两个项目来测量：一是"中国文化对我的身份很重要"，二是"我认同中国文化"（Wan, Chiu, Peng, & Tam, 2007）。被试需在一个 7 点量表上标明对这两句话的认同程度（1 = 非常不同意，7 = 非常同意）。

（三）研究程序

本研究以网络问卷形式完成。三组被试完成同一份问卷，问卷以链接的形式发放，通过电脑网页或者手机微信打开即可填写。问卷主要由四部分组成：第一部分要求被试在阅读文化混搭情境的材料之后回答与对外文化的态度相关的问题，第二部分测量被试的多元文化经验的丰富程度，后两部分分别测量被试人格的开放性与对中国文化的认同。

为掩盖实验目的以及避免先前经验的影响，研究的任务被描述为"广告评估"，广告内容是 Yang 在 2011 年曾使用过的"麦当劳将在长城上开分店"的材料（Yang，2011）。在一段文字描述之后，我们向被试展示了一张广告宣传图片，图中麦当劳代表性的黄色 M 字母商标覆盖在长城图片之上，图下方还有"自由、独立，美国文化——尽在麦当劳"字样作为广告标语。该情境被证明能够引起被试对美国文化入侵中国文化的感知（Yang，2011）。

我们要求被试看完广告后写出 3 句对此广告的感想，每句话不少于 15 个字。接下来我们从行为、认知和情绪三个方面测量被试对这家开在长城上的麦当劳的态度。在行为层面，被试需在一个 5 点量表上标明如果他去长城旅游，有多大可能进这家麦当劳消费（1 = 一定不会，5 = 一定会）；在认知层面，被试需在一个 9 点量表上标明他对这家麦当劳的评价（差 - 好，不满意 - 满意，不支持 - 支持；从 -4 到 4）；在情绪层面，被试需在一个 5 点量表上标明三种积极情绪的强度（喜欢、高兴、赞赏）和三种消极情绪的强度（厌恶、生气、轻蔑）。最后我们测量被试的多元文化经验、人格的开放性和对中国文化的认同。

（四）研究后访谈

为了进一步检验本研究的外文化排斥反应与认知加工深度的关系，在研究结束一个月后，我们选取了 5 名被试进行了深度访谈。其中，在多元文化经验低（未出国及留美时间 4～6 个月）的人群中选取了 2 名被试；在多元文化经验高（留美 2 年以上）的人群中选取了 3 名被试。结合开放性的得分，所选被试代表了四类人，分别是多元文化经验较少且开放性高，多元文化经验较少且开放性低，多元文化经验丰富且开放性高，各 1 人，多元文化经验丰富且开放性低，2 人。

访谈通过社交网络工具进行线上访谈，主试均以文字形式进行访谈，被试则可以通过打字或者发语音回复，平均访谈时间大约为 1 个小时。访谈围绕以下五个问题展开："你眼中的美国文化（优缺点及所持态度）""你眼中的中国文化（优缺点及所持态度）""中美文化的差别""对中美文化结合的看法""一个月前参与研究时心理过程的还原"。五个问题分为两部分：前三个问题是一般化的对中国文化、美国文化、中美文化差异的看法；后两个问题是对中美文化结合的看法，以及对研究中麦当劳在长城开分店这一具体事件的看法。访谈鼓励被试在作答时尽量详细解释自己的观点，最好举例说明。

三 研究结果

(一) 描述性统计

多元文化经验量表除了计算一个总平均分外，还将外文化接触频率一题单独计分。对文化入侵的知觉程度的计分方式为：找两个不知道研究目的和被试信息的编码者对每个人的回答进行评分，用 7 点量表评估被试写的话在多大程度上体现了文化入侵知觉 ($r = 0.69$，$p < 0.001$)，以两人的平均分作为测量知觉到的文化入侵程度的指标。为得到被试对长城上所开的麦当劳分店的综合态度，本研究对行为、认知和情绪三方面数据进行以下处理：(1) 将行为分数减去中间值 3；(2) 用积极情绪平均分减去消极情绪平均分得到情绪得分；(3) 标准化调整后的行为得分、情绪得分和认知得分的平均值，使它们的标准差均为 1.00；(4) 取三者平均值作为最后的态度得分。0 代表中立态度，表示既不积极也不消极，正值代表积极态度，负值代表消极态度。

主要变量的平均数、标准差、α 系数，以及两两之间的相关系数，如表 1 所示。首先，大多数量表的 α 系数都较高，只有多元文化经验量表的系数偏低 ($\alpha = 0.49$)。不过多元文化经验与外文化接触频率有显著的正相关 ($r = 0.54$，$p < 0.01$)，从另一个角度表明这个量表是可以接受的。其次，从其他相关模式来看，被试知觉到的文化入侵程度越高，其对待美国文化的态度越消极，也就是越排斥美国文化 ($r = -0.47$，$p < 0.01$)。然而，多元文化经验、开放性、文化认同与外文化排斥之间的相关均不显著，表明三个变量中的任何一个都不是引起文化排斥的决定因素。

表 1 各变量的描述统计

	M (SD)	α	1	2	3	4	5
1. 多元文化经验	2.70 (1.89)	.49	—				
2. 外文化接触频率	7.21 (2.35)	—	.54**	—			
3. 开放性	6.03 (1.17)	.85	-.01	-.01	—		
4. 文化入侵知觉	3.75 (1.88)	—	-.10	-.02	-.03	—	
5. 外文化排斥	-0.001 (1)	.88	.02	-.10	-.19	-.47**	—
6. 文化认同	6.07 (1.21)	.87	-.13	-.18	.14	.09	.06

** $p < 0.01$。

（二）方差分析

以留美时间为分组依据（未在美国生活过、留美 4～6 个月和留美 2 年以上）分别对以上几个变量进行单因素方差分析，得到结果如表 2 所示。这三组在多元文化经验和外文化接触频率上的显著差异说明本实验对于被试的分组是合理的，留美 4～6 个月的人的多元文化经验比未出国的人丰富，但不及留美 2 年以上的人群 $[F(2, 88) = 7.34, p < 0.001; F(2, 88) = 31.90, p < 0.001]$。值得关注的一点是，开放性水平在这三组人中的差异并不显著，说明多元文化经验的多少与人格开放性没有直接关系，可以将二者作为单独的变量分析 $[F(2, 88) = 0.17, p > 0.05]$。在麦当劳将在长城开店这一案例中，一个人的多元文化经验（留美时间）对文化入侵的知觉和对待美国文化的态度的影响并不显著 $[F(2, 88) = 0.21, p > 0.05; F(2, 88) = 1.62, p > 0.05]$，说明多元文化经验这一个变量，并不是影响对外文化态度的决定因素。此外，文化认同在三组人中的差异也不显著 $[F(2, 88) = 0.86, p > 0.05]$，说明文化认同的高低与多元文化经验的多少同样没有必然联系。

表 2　以留美时间为自变量对各变量进行单因素方差分析

	未出国（特指美国）		留美时间少于 6 个月		留美 2 年以上		$F(\eta^2)$
	M	SD	M	SD	M	SD	
多元文化经验	2.29	0.71	2.69	0.76	3.11	1.00	7.34*** (0.143)
外文化接触频率	5.26	2.14	7.50	1.61	8.93	1.62	31.90*** (0.420)
文化入侵知觉	3.65	1.84	3.68	1.75	3.93	2.09	0.21 (0.005)
外文化排斥	0.14	0.94	-0.25	0.73	0.06	0.98	1.62 (0.035)
文化认同	6.19	1.01	5.83	1.32	6.18	1.28	0.86 (0.019)
开放性	5.98	1.00	5.98	1.14	6.14	1.37	0.17 (0.004)

*** $p < 0.001$。

（三）简单斜率分析

在本研究中，多元文化经验变量有两个指标，一个指标是根据留美时间长短划分的分组指标，另一个指标是采用多元文化经验量表测得的连续分数指标。综合描述性统计和方差分析的结果，根据留美时间长短划分的三组被试确实在多元文化经验量表的得分上具有显著的差异，说明分组的多元文化经验为标准进行分组是成立的；同时，多元文化经验的连续分数指标与主要的因变量并不具有直接的线性相关关系。考虑到分组指标比连续分数指标更贴近本研究被试的多元文化经验特征，以下有关多元文化经验变量的分析均采用分组指标。

我们运用简单斜率分析考察多元文化经验和开放性在对待美国文化态度上的交互作用，将未出国组与留美 2 年以上组，以及留美 4~6 个月组与留美 2 年以上组，分别做分析，发现交互作用模式一致，所以将未出国组和留美少于 6 个月组合并为"低多元文化经验组"，与留美 2 年以上的"高多元文化经验组"进行比较（如图 1 所示）。结果表明多元文化经验和开放性在对待美国文化的态度上有显著的交互作用 $[B = -0.35$，$t(91) = -2.21$，$p < 0.05]$。在低多元文化经验的被试中，开放性高低对他们看待美国文化的态度没有影响，且既没有明显的积极反应，也没有明显的消极反应，被试基本处于中立状态；在高多元文化经验的被试中，开放性高的被试对于这家代表美国文化的麦当劳将在长成开分店表现出更消极的态度，更排斥美国文化，而开放性低的被试对美国文化表现出更积极的态度。

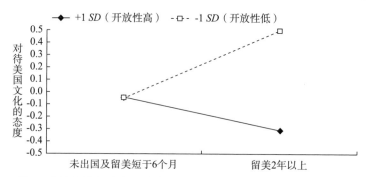

图 1　多元文化经验和开放性在对待美国文化的态度上的交互作用

然后，我们针对留美 2 年以上被试组，运用简单斜率分析开放性和中国文化认同在对待美国文化态度上的交互作用 $[B = -0.37$，$t(29) = -2.54$，$p < 0.05]$。在中国文化认同较低的被试中，开放性高低与他们看待美国文化的态度没有关系；在中国文化认同较高的被试中，开放性高的被试对于这家代表美国文化的麦当劳将在长城开分店表现出更消极的态度，更排斥美国文化，而开放性低的被试对美国文化表现出更积极的态度。

（四）研究后访谈的质性分析

由于研究后访谈的被试来自前面的研究，从中选取了四类不同的人，

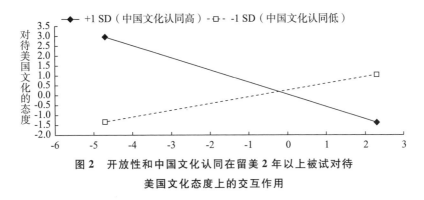

图 2   开放性和中国文化认同在留美 2 年以上被试对待
美国文化态度上的交互作用

即多元文化经验较少且开放性高, 多元文化经验较少且开放性低的人、多元文化经验丰富且开放性高, 多元文化经验丰富且开放性低的人, 每一类只有 1~2 人, 因此基于这些访谈所做的质性分析不是为了去探索一个全新的问题, 而是为了对前面的研究结果进行补充分析。在分析时, 我们虽然考虑了扎根理论分析自上而下对理论的建构性, 但更主要的考虑是自上而下地检验前面提出的理论和假设。

1. 对中美文化的一般看法

访谈的第一部分是关于被试对中国文化、美国文化、中美文化差异的一般化的看法, 访谈中的四类人都有各自相对鲜明的特点, 如图 3 所示。多元文化经验不同的两类人在对中美文化的看法上有本质差异。多元文化经验较少的受访者在回答中表现出明显的倾向性, 偏好其中一种文化; 而多元文化经验丰富的受访者更多立足于客观的角度, 对文化持中立态度。

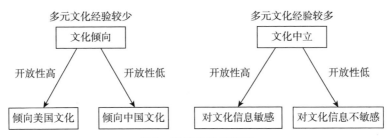

图 3   访谈的结果模型

在多元文化经验较少的人群中, 开放性高的受访者在被问及对美国文化的态度时表示 "美国文化在当代世界是最好的吧", 而其对中国文化的评价是 "断层了, 没什么文化可言。比如现在, 以前的仁义礼智信之类的感觉不到, 五千年的文化其实没什么继承了吧", 并列举了很多当代中国社会存在的弊端, 例如食品安全问题、婚姻制度问题等。问到中美文化哪一个更好时，被试回答"总的来说，文化是不可比较的，但是现在我还是相信有一些普适性的价值。从普适价值的角度来说，美国能体现得更多一点"，"美国在经济上是全球最强的，引领了现代社会，现代社会的普适价值很大程度上都是他们所建立的"，"美国创造了现代社会"。从被试的回答中可以明显感觉到他的文化倾向，总的来说被试对中国文化比较失望，而对美国文化予以肯定。

多元文化经验较少但开放性低的受访者对美国文化的态度是"总体而言，我还蛮喜欢美国文化的吧，倒也没有特别的陋习和让我不喜欢的地方。但是我觉得这种喜欢更多的是限于一种旁观者的喜欢，我从来没有想过自己会能完全融入他们这个文化里面成为其中的一个成员。所以态度就是喜欢，反正不讨厌但是觉得自己没有办法适应进去"，并提到"美国文化不好的地方就是美国比较个人主义，有时候像在一个比较大的环境里面，如果没有说是自己主动地融入哪一个社团或者组织啊，也不会有上层的东西来把你融入一个组织里面去，那样子的话就可能有点 lost 的感觉，就是个人主义的感觉，可能不太利于个人融入社会"。当问到对中国文化的态度时，被试表示"肯定是喜欢的啦，不管怎么样，浸淫了这么久了，不喜欢也喜欢了"，并提到"中国文化好的地方就是感觉人一直生活在集体之中，不管是从小在家庭里面，还是大学有一个系啊，有一个班啊，都觉得自己不会被落下，一直在集体的温暖之中，相当于集体主义吧"。这位被试虽然说喜欢美国文化，但也说自己融入不进去，字里行间流露出来的倾向是"我更喜欢中国的集体主义而不喜欢美国的个人主义"。

可见，多元文化经验较少的人没有经历太多的外文化真实生活的洗礼，对不同文化的认识由于缺少深刻的比较和深思熟虑而偏于表面化。例如，受访者所运用的传统与现代、集体主义与个人主义的描述，都是比较典型的文化刻板印象。尽管访谈要求被试对中美文化都要谈谈认识，但开放性高的人相对而言较关注美国文化，对美国文化有一种积极的基于刻板印象的认识，开放性低的人相对而言较关注中国文化，对中国文化有一种基于熟悉感的非反省式的喜欢。

多元文化经验较多的受访者在中美文化的话题上都没有明确的说法。他们会回答，"中国文化和美国文化不存在一种比另一种更好"，"文化的概念很难精确定义，就只能说有差别吧"。其中有一位被试提到"现在可能还是美国文化好点吧。因为美国人素质高点，中国人口太大了，整体素质有点难提高"，但是在被问到对两种文化分别持什么样的态度时，她却有另一番说法。对美国文化，她表示"我保持中立吧，不盲目崇拜也不会随便指摘"，对中国文化，她表示"我还是挺喜欢的，而且我觉得中国文化也在逐渐变好"。前后看似矛盾的回答不能得到一个明确的倾向，倒也恰好表明她对中美文化了解比较透彻，回答的时候会从不同的角度进行思考。

可见，多元文化经验较多的受访者由于对丰富的外文化有切身体会，对不同文化的认识不是停留在文化刻板印象的层面上，而是运用多元文化经验对不同的文化进行复杂的对比，其认识远远超出对外文化刻板印象的认识，也包含了对本文化的反省认识（不是简单的称赞或简单的否定），甚至对"文化"概念的确定含义都产生了疑虑。总体上来说，他们会从自己丰富的多元文化经验中检索新的信息，与之前对文化的认识进行对比，这些对比既有验证原来认识的地方，也有挑战原来认识的地方，因此才会形成不偏不倚、相对"客观"的对待两种文化的态度。那么，他们在面对文化混搭情境时究竟会产生什么样的反应呢？这还要取决于他们开放性程度的高低。

2. 对中美文化结合的态度

对于多元文化经验较少的受访者来说，在对中美文化结合的态度上，一方面他们的文化认知基础较浅，另一方面开放性高和低的人都相对更关注中美两种文化中的一种文化，前者更关注美国文化，后者更关注中国文化。因此，他们在整体上对文化混搭情境既没有明显的积极评价，也没有明显的消极评价。

对于多元文化经验较多的受访者来说，无论他们的开放性是高还是低，他们在一般化的中美文化问题上都持文化中立态度。但是，在中美文化结合的问题上，开放性高低则使他们的态度出现了分化。开放性低的两位被试均肯定中美文化结合的影响，"是好事吧，能促进经济发展"，"支持，交流永远是好事"。当问到对麦当劳在长城开分店事件的看法时，一位表示"中美文化结合的话我觉得要做到不突兀"，如果建筑上能够完美融合，她就能够接受麦当劳在长城开分店，这就是只停留在外观层面看待这个事件。另一位回答道"先假设不是麦当劳，是一家中国的店，比如说永和豆浆在长城开了一家分店，我就觉得好像怪怪的，但不是不能接受，那我的态度就是把永和豆浆换成麦当劳也是一样的"，通过他的回答可以看到他并不注重麦当劳所传递的文化信息，反而举中国连锁店的例子说明这个事件还是可以接受的。

而开放性高的被试在中美文化结合的问题上认为需要知道两种文化怎么结合才能判断，像《功夫熊猫》这种就结合得很好。还原对研究一中麦当劳广告的看法时，这位被试表示看到的第一反应是"不伦不类"，就算排除图片设计、广告语设计等因素，只看事件本身，她也表明"我不赞成"，解释道"我觉得这种结合真的很奇怪，我看不出麦当劳和长城彼此之间到底有什么联系。然后我觉得长城作为一个中国文化遗产，也应该保持原汁原味"，并说"开个全聚德不好吗？为啥非得开麦当劳？"把全聚德和麦当劳作比较说明她察觉到了麦当劳所代表的文化含义，并明确指出长城作为中国文化的代表不能被破坏。她还说像 Panda Express（一家美国化的中式连锁餐厅）这样的文化结合让自己感到不舒服，因为觉得这家餐厅里的产品完全没有中国菜的影子，"讲真，我不承认它是中国菜"，"反正我觉得它不该写自己是 Chinese Food"。

通过这两组被试的对比可以看出多元文化经验较多的高开放性被试比低开放性被试更关注文化混搭隐含的文化信息，而不是经济信息，他们对文化信息更敏感，这构成了他们更容易产生外文化排斥反应的基础。同时，由于受丰富的外文化生活经历的影响，高开性被试对文化混搭有更多的批判性思考和认知，将文化混搭看作对之前形成的文化刻板印象的检视和挑战；相反，我们所选取的这个低开放性被试虽然没有明显对美国文化持积极态度，但他只是认为麦当劳的广告在外观设计上有点不太协调，大体上仍认为麦当劳所代表的美国文化是与自己的刻板印象一致的，甚至拿永和豆浆这种中国表层文化的例子做类比，从而说明了他对外文化是不排斥的。

四　讨论

与以往很多研究考察多元文化经验对文化混搭中的整合反应（创造性）的影响不同（Leung，Maddux，Galinsky，& Chiu，2008；Leung & Chiu，2008；Leung & Chiu，2010），本研究第一次考察了多元文化经验与外文化排斥反应的关系，通过让被试对一个具有包含文化入侵含义的文化混搭情境进行评价，我们发现多元文化经验也有增强外文化排斥反应的可能，即被试在高开放性的共同作用下，对文化混搭中的外来文化产生了最高程度的负面评价。这一结果同时为那些发现高开放性的人对外文化有更积极态度的研究（Sturmer，Benbow，Siem，Barth，Bodansky，& Lotz-Schmitt，2013），以及开放性增强文化混搭中整合反应（Leung & Chiu，2010）的研究提供了补充，说明开放性对文化混搭反应的影响也是一把双刃剑。

通过揭示多元文化经验丰富的高开放性被试对文化混搭中的外文化产生强烈的排斥反应，本研究提出了一个被以往研究者忽视的理论问题：外文化排斥反应一定是认知浅加工的结果吗？以往研究认为外文化排斥反应发生的前提是认知加工比较浅，一旦深加工就会减弱排斥反应，或增强整合反应（Chiu, Gries, Torelli, & Cheng, 2011；Morris et al., 2011；Torelli, Chiu, Tam, Au, & Keh, 2011）。本研究认为外文化排斥反应与认知加工深度没有必然的联系，认知深加工也可能会增强外文化排斥反应。也就是说，认知加工深或浅都可以产生文化排斥反应。当文化混搭情境中的文化冲突十分明显时，无须对文化信息深加工即会产生排斥反应（Wu, Yang & Chiu, 2014）。当文化混搭情境中的文化冲突含义不明显时，或许，只有那些具有丰富多元文化经验的高开放性者才会产生比较强烈的外文化排斥反应。

　　本研究一个有意思的发现是留美 4～6 个月的人在对待外国文化的态度上与未出国的人相似。这与以往关于多元文化经验与创造力关系的研究结果类似。在提升创造力方面，仅仅有短期的国外旅居经历是不够的，必须有较长的国外生活经历（Maddux & Galinsky, 2009）。前者的多元文化经验是 little m，后者的多元文化经验是 Big M。也许，在文化排斥反应方面也存在这种 little m 和 Big M 的区别。就本研究而言，至少留美 4～6 个月对于中国留学生的多元文化经验来说仍然属于 little m。也就是说，4～6 个月的异国生活并不足以对一个人的文化观产生深层影响，至于异国生活多久才能从 little m 质变到 Big M，可能会因人而异。以本研究为参照，至少可以说，在异国待了 2 年以上的人已经进入 Big M 的范畴，此时他们对待外国文化的态度会有所转变。究竟多元文化经验多到何种程度可以界定为从 little m 变为 Big M，是未来研究需要探讨的一个问题。

　　在全球化的背景下考察人们对待本文化与外文化的态度日益成为一个具有重要意义的课题。一方面，多元文化经验是影响外文化态度的重要因素，研究发现那些具有较丰富多元文化经验的人（如双文化人）能够比较容易在不同文化的认知与行为框架之间进行转换（Hong, Morris, Chiu, & Benet-Martinez, 2000；Benet-Martinez, Leu, Lee, & Morris, 2002）。另一方面，开放性也是影响外文化态度的重要因素，研究发现开放性高的人更容易表现出对新异事物的兴趣和探索，即所谓的崇外反应（Sturmer, Benbow, Siem, Barth, Bodansky, & Lotz-Schmitt, 2013）和主动学习反应；而开放性低的人采用文化框架将本文化与外文化进行保护主义的区隔，逃避和抵触对外文化的接触，产生防御反应（Chen, Lam, Hui et al., 2016）。然而，在比较具有不同多元文化经验的人在对待外文化反应上有何差异，以及同时考察多元文化经验和开放性对外文化态度的影响方面，未来还需要大量的研究。

虽然本研究发现多元文化经验在开放性高和本文化认同高时可以增强外文化排斥反应，并结合了访谈资料分析了认知加工深度与外文化排斥反应之间的关系，但是，本研究仍存在以下不足。首先，我们并没有直接测量认知加工深度，将来的研究可以考虑借鉴以往研究的方法分析不同多元文化经验和开放性的被试对文化的认知加工深度（Benet-Martinez，Lee，& Leu，2006）。其次，本研究固定了一种文化混搭的类型（有相对明显的文化入侵），将来若能探究不同类型的文化混搭将会是一个重要补充。再次，我们只考察了本文化认同对外文化排斥反应的影响，并没有考察外文化认同的作用。鉴于双文化认同与认知加工深度有密切的关系（Benet-Martinez，Lee，& Leu，2006），未来有关多元文化经验与外文化态度的研究有必要引入双元文化认同整合的概念（Benet-Martinez，Leu，Lee，& Morris，2002）来进一步探讨认知加工深度在外文化排斥反应中的作用。

参考文献

彭璐珞，2013，《理解消费者对文化混搭的态度：一个文化分域的视角》，博士学位论文，北京大学光华管理学院。

韦庆旺、俞国良，2010，《问责：社会心理学不可忽视的概念》，《黑龙江社会科学》第3期，第133~136页。

吴莹、杨宜音、赵志裕，2014，《全球化背景下的文化排斥反应》，《心理科学进展》第4期，第721~730页。

赵志裕、吴莹、杨宜音，2015，《文化混搭：文化与心理研究的新里程》，载杨宜音主编《中国社会心理学评论》（第九辑），第1~18页。

Benet-Martinez, V., Lee, F., & Leu, J. (2006). Biculturalism and cognitive complexity：Expertise in cultural representations. *Journal of Cross-Cultural Psychology*, 37, 386 – 407.

Benet-Martinez, V., Leu, J., Lee, F., & Morris, M. W. (2002). Negotiating biculturalism：cultural frame switching in biculturals with oppositional versus compatible cultural identities. *Journal of Cross-Cultural Psychology*, 33, 492 – 516

Cacioppo, J. T., Petty, R. E., Kao, C. F., & Rodriguez, R. (1986). Central and peripheral routes to persuasion：An individual difference perspective. *Journal of Personality and Social Psychology*, 51, 1032 – 1043.

Chen, S. X., Lam, B. C. P., Hui, B. P. H., Ng, J. C. K., Mak, W. W. S., Guan, Y., et al. (2016). Conceptualizing psychological processes in response to globalization：Components, antecedents, and consequences of global orientations. *Journal of Personality and Social Psychology*, 110, 302 – 331.

Cheng, C. – Y., & Leung, A. K. – Y. (2012). Revisiting the multicultural experience-creativity link: The effects of perceived cultural distance and comparison mind-set. *Social Psychological and Personality Science*, 4 (4), 475 – 482.

Cheng, C. – Y., Leung, A. K. – Y., & Wu, T. – Y. (2011). Going beyond the multicultural experience-creativity link: The mediating roleof emotions. *Journal of Social Issues*, 67, 806 – 824.

Chiu, C. – y. & Cheng, S. Y. – y. (2007). Toward a social psychology of culture and globalization: Some social cognitive consequences of activating two cultures simultaneously. *Social and PersonalityPsychology Compass*, 1 (1), 84 – 100.

Chiu, C – y., Gries, P., Torelli, C – j., & Cheng, S – y. y. (2011). Toward a Social Psychology of Globalization. *Journal of Social Issues*, 67, 663 – 676.

Chiu, C. – y., Mallorie, L., Keh, H. – t., & Law, W. (2009). Perceptions of culture in multicultural space: Joint presentation of images from two cultures increases in-group attributionof culture-typical characteristics. *Journal of Cross-cultural Psychology*, 40, 282 – 300.

Costa, P. T., & McCrae, R. R. (1992). Four ways five factors are basic. *Personality and Individual Differences*, 13 (6), 653 – 665.

Hong, Y-y., Morris, M. W., & Chiu, C – y. & Benet-Martinez, V. (2000), Multicultural minds: A dynamic constructivist approach to culture and cognition. *American Psychologist*, 55, 709 – 720.

Jost, J. T., Glaser, J., Kruglanski, A. W., & Sulloway, F. J. (2003). Political conservatism as motivated social cognition. *Psychological Bulletin*, 129, 339 – 375.

Leung, A. K., Maddux, W. W., Galinsky, A. D., & Chiu, C. (2008). Multicultural experience enhances creativity: The when and how. *American Psychologist*, 63 (3), 169 – 181.

Leung, A. K. – Y., & Chiu, C – Y. (2008). Interactive effects of multicultural experiences and openness to experience on creativity. *Creativity Research Journal*, 20, 376 – 382.

Leung, A. K. & Chiu, C. (2010) Multicultural experience, idea receptiveness, and creativity. *Journal of Cross-Cultural Psychology*, 41 (5 – 6), 723 – 741.

Maddux, W. W. & Galinsky, A. D. (2009). Cultural borders and mental barriers: The relationship between living abroad and creativity. *Journal of Personality and Social Psychology*, 96, 1047 – 1061.

Maddux, W. W., Leung, K. Y., Chiu, C. Y., & Galinsky, A. D. (2009). Toward a more complete understanding of the link between multicultural experience and creativity. *American Psychologist*, 64, 156 – 158.

McCrae, R. R. & Costa, P. T. (1997). Conceptions and correlates of openness to experience. In R. Hogan, J., Johnson, & S. Briggs (Eds.), *Handbook of Personality Psychology* (pp. 825 – 847). San Diego, CA: Academic Press.

Morris, M. W., Mok, A., & Mor, S. (2011). Cultural identity threat: The role of cultural identifications in moderating closure responses to foreign cultural inflow. *Journal of Social Issues*, 67, 760 – 773.

Rich, G. J. (2009). Big C, little c, big M, little m. *American Psychologist*, 64 (2), 155 – 156.

Saucier, G. (1994). Mini-markers: A brief version of Goldberg's unipolar Big-Five markers. Journal of personality assessment, 63 (3), 506 – 516.

Sturmer, S., Benbow, A. E., Siem, B., Barth, M., Bodansky, A. N., & Lotz-Schmitt, K. (2013). Psychological foundations of xenophilia: The role of major personality traits in predicting favorable attitudes toward cross-cultural contact and exploration. Journal of personality and social psychology, 105 (5), 832.

Tam, K. - P., Leung, A. K. - Y., & Chiu, C. - Y. (2008). On being a mindful authoritarian: Is need for cognition always associated with less punitiveness? Political Psychology, 29 (1), 77 – 91.

Tetlock, P. E. (2002). Social functionalist frameworks for judgment and choice: Intuitive politicians, theologians, and prosecutors. Psychological Review, 109, 451 – 471.

Tong, Y. - Y., Hui, P. P. - Z., Kwan, L., & Peng, S. (2011). National feelings or rational dealings? The role of procedural priming on the perceptions of cross-border acquisitions. Journal of Social Issues, 67, 743 – 759.

Torelli, C. J., Chiu, C. - Y., Tam, K. - P., Au, A. K. - C., & Keh, H. T. (2011). Exclusionary reactions to foreign culture: Effects of simultaneous exposure to culture in globalized space. Journal of Social Issues, 67, 716 – 742.

Wan, C., Chiu, C., Peng, S., & Tam, K. - P. (2007). Measuring cultures through intersubjective cultural norms: Implications for predicting relative identification with two or more cultures. Journal of Cross-Cultural Psychology, 38, 213 – 226.

Wu, Y., Yang, Y. - Y., & Chiu, C. - Y. (2014). Responses to religious norm defection: The case of Hui Chinese Muslims not following the halal diet. International Journal of Intercultural Relations, 39, 1 – 8.

Yang, Y. (2011). Clashes of Civilizations: Critical Conditions for Evocation of Hostile Attitude toward Foreign Intrusion of Cultural Space. Urbana: Graduate College of the University of Illinois at Urbana-Champaign.

中国社会心理学评论 第 12 辑
第 93～109 页
© SSAP，2017

流动儿童的双重文化适应与心理适应：
家庭功能的中介作用[*]

张春妹 朱文闻[**]

摘 要：本研究采用整群抽样方法对武汉市 403 名流动儿童进行问卷调查，考察了家庭功能在文化适应与心理适应关系中的作用。结果表明，流动儿童在文化适应中处于中等水平，城市文化适应较农村文化适应好。城市文化适应对自尊和生活满意度有显著的预测作用，农村文化适应对生活满意度有显著的预测作用。在城市文化适应对自尊、生活满意度的正向预测关系中，家庭功能起部分中介作用，在农村文化适应对生活满意度的正向预测关系中，家庭功能起部分中介作用。

关键词：流动儿童 家庭功能 文化适应 心理适应

一 问题提出

在《流动儿童少年就学暂行办法》中，流动儿童是指"6～14 岁（或 7～15 岁）随父母或其他监护人在流入地暂时居住半年以上的儿童"。当

---

[*] 本文为湖北省教育科学规划一般项目"家庭系统观下流动儿童的城乡文化适应对心理适应的影响机制"（2016GB001）阶段成果以及武汉大学自主科研项目（人文社会科学）"70 后"团队学术建设项目——"当代文化心理学研究"成果，得到"中央高校基本科研业务费专项资金"资助。

[**] 通信作者：张春妹，武汉大学哲学学院心理学系，副教授，硕士生导师，Email：zhangcm@whu.edu.cn；通信作者：朱文闻，四川乐山师范学院，讲师，Email：zwwforever@126.com。

前，流动儿童已经成为一个庞大而不可忽视的群体。国家卫生计生委的相关数据显示，"十二五"期间我国流动人口年均增长约 800 万人，到 2014 年年末达 2.53 亿人，预计 2020 年流动迁移人口将逐步增加到 2.91 亿人，年均增加 600 万人左右。其中，根据《中国 2010 年第六次人口普查资料》样本数据推算，0～17 岁城乡流动儿童规模为 3581 万人，在 2005 年的基础上增加了 41.37%，且有增长的趋势。

　　流动儿童从农村进入城市生活，其社会处境发生了改变：一方面，城市里相对优越的物质环境、教育环境、人文环境为其发展提供了机遇；另一方面，受制于我国户籍制度的限制和城乡之间存在的较大差异，他们在城市中又属于社会处境不利群体，其社会适应和社会化发展过程都受到挑战。流动儿童在城市生活中面临着两种社会适应任务——社会文化适应（socio-cultural adaptation）和心理适应（psychological adaptation）。前者是指流动儿童在新的城市文化下学习社会生活技能，主要侧重于认知与行为层面；后者是指在适应过程中保持良好的精神健康状况，主要侧重于情感层面（袁晓娇、方晓义、刘杨、蔺秀云、邓林园，2010）。流动儿童的心理适应已经引起了现有研究的广泛关注，一般研究都认为，流动儿童的心理健康水平整体低于居住地的城市儿童，存在着孤独感、自卑感、学习挫折感等心理问题（陈新、刘杨，2010），自我发展和自尊水平都偏低（郭良远、姚远、杨变云，2005），但是在积极心理学视角下，也有研究发现，多数流动儿童认为自己是一个幸福的人（曾守锤，2008；余益兵、邹泓，2008）。相对来说，关于流动儿童的社会文化适应研究还明显不足。

　　我国存在城市文化和乡村文化两种截然不同的文化（姜永志、张海钟，2010）。流动儿童从农村来到城市，就必然有一个文化适应的过程（acculturation），即要进行文化学习和心理行为改变（Berry，2003）。移民作为世界范围内的普遍现象，其文化适应受到社会学科的广泛关注。早期研究认为移民会不可避免地融入接收地社会，且这一过程是线性的和单向的。而从 20 世纪 70 年代开始，Berry 及其团队（1979）就提出，文化适应过程存在两个独立的维度：与源文化的联系和与当下居住地文化的联系。另外，Phinney（1990）也提出存在两个独立的文化认同维度。至此，双维度理论开始被广泛接受并运用于有关文化适应的研究中，其中，Berry（1990）的"双重文化适应策略"理论影响最为广泛，该理论提出了文化适应的四种策略，分别是整合型（integration）策略、同化型（assimilation）策略、分离型（separation）策略和边缘型（marginalization）策略。近期，Schwatz、Unger、Zamboanga 和 Szapocznik（2010）继续发展了 Berry 的理论，提出了文化双维多领域模型，认为接收地文化获得和源文化保留会发生在三个不同但是相关的文化领域：实践（语言获得、媒体和食物的消费）领域、文化价值领域和文化/种族认同领域。同样地，在我国流动儿童身上，这种社会文化适应过程也是双维的，不仅包含对新的城市文化的学习过程，还包含对原有农村文化的再适应过程，对某种文化的认同高并不意味着对其他文化的认同低（张春妹，2014）。

目前国内已有的文化适应研究（袁晓娇、方晓义、刘杨、李芷若，2009；王中会等，2013）大多采取农村人对城市文化融入的单向文化适应视角。这些研究发现，流动儿童在外貌、语言、饮食消费等方面适应良好，在人际关系和环境适应方面表现一般（鲍传友、刘畅，2015），而在外显行为、内隐观念、人文环境和学习成绩等维度上，可能因为需要长期学习而较难适应（徐丽琼，2012）。流动儿童来到城市，会经历兴奋与好奇、震惊与抗拒、探索与顺应、整合与融入四个发展阶段（刘杨、方晓义、蔡蓉、吴杨、张耀方，2008）。张春妹（2014）从双重文化适应的视角进行研究，发现农村儿童在文化适应策略上大多为同化型，即城市文化适应更高，而农村文化适应较低，其次是整合型，另外还存在着分离型和边缘型，即流动儿童的城乡文化适应与移民文化适应一样存在着两种文化适应，具有四种不同适应策略。因此，国外移民文化适应理论也可迁移、借鉴到我国的流动儿童研究上。

文化适应的理论均认为文化适应过程是一个复杂的社会心理过程，会带来群体层面的变化，也会带来个体层面的变化（Berry，1997）。在异文化背景中生活，会给个体带来新的发展机遇，同时也会带来压力，从而造成心理方面的问题，比如困惑、抑郁、焦虑、边缘感、疏离感等（Berry，1990），即文化适应会对心理适应造成影响。这种影响与双文化适应存在不同的关系。研究发现，在美国的非美籍青少年对美国文化的高适应与内化问题有关，会出现心理健康问题或者行为问题，比如抑郁症（Lorenzo-Blanco, Unger, Ritt-Olson, Soto, & Baezconde-Garbanati, 2011）、饮食失调症（Bettendorf, & Fischer, 2009）等。而在低美国文化适应下，拉美青少年的原文化适应对内化症状也是一个风险因素（Schwartz, 2007）。我国研究发现，城市文化适应会影响流动儿童的心理适应，城市认同会使得心理适应更好，而老家认同与城市文化适应负相关（袁晓娇、方晓义、刘杨、蔺秀云、邓林园，2010）。从文化适应策略的角度来看，一般来说，整合型的心理适应最好，边缘型的最差。Berry、Phinney、Sam 和 Vedder（2006）对 13 个国家的移民青少年进行了研究，结果支持了这样的结论，但同时也发现分离型个体（认同源文化）在心理适应上的表现比同化型个体（认同迁入地文化）更好。对我国少数民族大学生的文化适应与心理健康的关系研究发现，采取不同文化适应策略的被试在自尊和幸福感水平上存在显著差异，整合型最高，随后是同化型、分离型和边缘化型（高承海、安洁、万明钢，2011）。但对流动儿童而言，采取同化型策略的个体的自尊水平最高，采取整合型策略的个体的生活满意度最高（Zhang, Zhang, & Hu, 2014）。更为具体的研究表明，农村文化适应会导致更低的自尊、更强的孤独感；城市文化适应的内隐观念维度也对孤独感有正向预测作用，而城市身份定位维度（即认同城市身份而不是农村身份，比如"认为自己是城市人"）对孤独感有负向预测作用（张春妹，2014）。可见，文化适应对心理适应的影响会因为文化背景的不同、研究群体的不同（比如不同年龄群体）、采用的心理适应指标的不同而不同。本研究关注流动儿童的城乡文化适应对心理适应的影响，心理适应的指标主要采用目前心理适应研究中被广泛关注的自尊、孤独感和生活满意度（袁晓娇、方晓义、刘杨、李芷若，2009；邹泓、刘艳、李晓巍，2008）。

文化适应的压力不仅对个体具有影响，对其所在的家庭也会产生影响。一些研究认为，对于青少年的文化适应压力，家庭可以起到缓冲的作用，但这仅会发生在两种文化的差异比较小，且在文化适应中家庭成员具有很好的应对资源时（Miranda, Bilot, & Matheny, 2005）。Myers 和 Ro-driguez（2003）提出，家庭在文化适应与个体心理健康的关系上，不仅有直接的影响，还有很多中介途径。对于美国的少数民族青少年，特别是很强调家庭关系的拉丁美洲儿童来说，家庭具有很强的中介作用。具有很强的传统拉丁文化取向的青少年具有更强的家庭主义、更少的家庭冲突和更多的父母卷入，也获得更多的积极养育和支持（Sullivan, Schwartz, Prado, Huang, Pantin, & Szapocznik, 2007）。根据家庭功能理论中最具影响力的 Olson 环状模式理论，家庭功能是家庭系统中家庭成员的情感联系、家庭规则、家庭沟通以及应对外部事件的有效性。费立鹏等人（1991）修订的 Olson 于 1982 年编制的"家庭亲密度与适应性量表（FACES II）"，主要包括亲密度、适应性两个维度。由此可见，具有很强的传统拉丁文化取向的青少年会有更好的家庭功能（Lawton & Gerdes, 2014）。已有研究发现美国主流文化适应虽然会增加青少年与父母的情感分离、家庭冲突（McQueen, Getz, & Bray, 2003），但更多的研究发现主流文化适应会让青少年感到家庭的能力（Birman, 1998），增加家庭凝聚力和适应性（Smokowski et al., 2008）。也就是说，双重文化适应会影响青少年的家庭功能。我国城市文化主要是一种偏向个人主义、现代化的文化，而农村文化是更偏向传统文化和集体主义的文化，两者之间差异比较大。流动儿童的父母更多地保持着农村文化，他们的文化适应相对于流动儿童来说更为缓慢，应对资源更少，在城市文化适应上往往还存在儿童影响父母的"文化反哺"现象。因此，当流动儿童具有很强的农村文化取向时，可能会减少亲子冲突，增加父母卷入，从而增强家庭适应性。但城市文化在我国是一种主流文化，流动儿童及其家庭都有很强的融入城市文化的意愿，因此，当流动儿童具有很强的城市文化取向时，可能也会让儿童感觉到家庭的适应性。家庭功能是影响青少年心理发展的深层变量（池丽萍、辛自强，2011），流动儿童的家庭功能应该会影响其心理适应。本研究的目的在于考察家庭功能在流动儿童城乡文化适应对心理适应的预测关系中的作用。研究假设，我国流动儿童的城乡文化适应会直接影响心理适应，也会通过影响家庭功能而间接影响心理适应。

二　研究方法

（一）研究对象

本研究选取武汉市两所高比例流动儿童（占80%）学校和一所低比例流动儿童（占10%）学校的四到六年级的流动儿童和城市儿童为被试。研究采用分层整群抽样法，每个学校在三个年级中随机抽取两个班的儿童，共627人，得到有效问卷526份，回收率83.89%。其中，男生256人，女生270人，农村流动儿童403人，城市儿童123人。

（二）研究工具

1. 基本信息问卷

此问卷为自编问卷，内容包括年龄、性别、年级、父母文化程度、家庭收入情况、武汉的家庭成员构成、兄弟姐妹数量与排行、是否出生在武汉、老家是城市还是农村等。

2. 城乡双重文化适应问卷

此问卷根据 Ward 和 Rana-Deuba（1999）编制，袁晓娇、方晓义、刘杨、李芷若（2009）改编的社会文化适应问卷和对流动儿童的访谈结果进行编制。原社会文化适应问卷主要侧重于行为适应能力，包括行为适应、语言学习、文化认同三个维度，测量语句为了在不同文化中使用而简洁化、抽象化，不涉及具体文化适应内容。本研究认为在测量语句上没有明确指向物的抽象化语句不能很好地反映文化适应内容，不利于更准确地测量。在测量维度上，本研究与双向多领域模型（Schwartz，Unger，Zamboanga，& Szapocznik，2010）的观念一致，认为文化适应不仅仅包括外在的行为适应，还应该包括内在的文化价值，另外我们在访谈中发现，自然空间环境的适应也是流动儿童文化适应的重要内容，因此我们分别从环境适应、外显行为、内隐观念、语言、身份定位等五个维度对城市文化适应、农村文化适应的文化适应内容进行测量。

城市文化适应分问卷和农村文化适应分问卷均为 37 个题目，5 点计分（由完全不符合到完全符合），总分越高代表城市文化适应越高。城市文化适应问卷的条目如"我习惯于到超市买东西"，"我觉得城市生活很舒适"；农村文化适应的条目如"我喜欢住在农村老家村落的感觉"，"当有事情找住的近的亲戚或朋友时，我习惯于直接到对方家里去，而不是打电话"。对两个问卷的结构效度分别进行验证性因素分析，城市文化适应量表结果为：RMSEA = 0.0512，χ^2 = 1472.212，df = 619，NFI = 0.791，NNFI = 0.868，CFI = 0.877，IFI = 0.878，RFI = 0.776，SRMR = 0.0589，拟合一般；农村文化适应量表结果为：RMSEA = 0.0645，χ^2 = 1973.026，df = 619，NFI = 0.882，NNFI = 0.917，CFI = 0.923，IFI = 0.923，RFI = 0.873，SRMR = 0.0627，拟合较好。两个问卷的信度 α 系数分别为 0.79、0.86。

3. 家庭功能量表（FACES Ⅱ-CV）

该量表采用 Olson 于 1982 年编制的"家庭亲密度与适应性量表（FACES Ⅱ)"，该量表的中文版由费立鹏等人（1991）修订，包括亲密度、适应性两个维度（汪向东、王希林、马弘，1999）。每个维度各 15 道题，5 点计分，从 1 分到 5 分别代表该项目所描述的状况在被试家庭中出现的频次，分数越高表示出现的频率越高。本研究中两个维度的 α 系数分别为 0.77 和 0.73。

4. 心理适应测量

（1）自尊量表（SES）。根据中国被试的研究结果（徐维东、吴明证、邱扶东，2005），该量表的第 8 个项目（"我希望能为自己赢得更多尊重"）与其他项目的相关非常低，因此在施测时删去。删除该题后得到本研究的最终问卷共 9 题，采用 4 点评分，从 1 分"非常符合"到 4 分"很不符合"。将其中四道题反向计分后与其他题目得分相加，取其平均分作为自尊水平的指标，分数越高，代表自尊水平越高。本研究中该量表的 α 系数为 0.79。

（2）孤独感问卷。这一部分采用邹泓修订的孤独感问卷来测量青少年的情感孤独状态，共 21 个项目，包括纯孤独感、对自己社交能力的知觉、对目前同伴关系的评价和对重要关系未满足程度的知觉四个维度。问卷 5 级记分，从 1 分"一点儿也不符合"到 5 分"完全符合"，题目如"在班上我没有人可以交谈"。除社交能力知觉的高分代表积极评价外，其他三个维度的高分均代表消极评价。将社交能力知觉维度反向计分后再和其他三个维度得分相加，取其平均分作为孤独感总均分，得分越高说明孤独感越强。在本研究中，四个分维度的内部一致性信度系数分别是 0.86、0.80、0.79、0.72，总量表的 α 系数为 0.92。

（3）总体生活满意度。总体生活满意度量表采用 Diener 的总体生活满意度量表，包含 5 个项目，采用 7 级评分。本研究中该量表的 α 系数为 0.69。

（三）统计处理

采用 SPSS21.0 进行统计分析。

三　结果与分析

（一）初步统计分析

表 1　不同群体流动儿童在主要研究变量上的得分

群体	城市文化适应		农村文化适应		自尊		孤独感		生活满意度		家庭亲密度		家庭适应性	
	N	M ± SD	N	M ± SD	N	M ± SD	N	M ± SD	N	M ± SD	N	M ± SD	N	M ± SD
总体	403	3.24 ± 0.47	389	3.07 ± 0.58	403	2.95 ± 0.56	399	2.21 ± 0.80	400	4.44 ± 1.36	395	4.32 ± 0.69	397	3.29 ± 0.65
男生	206	3.27 ± 0.48	201	3.03 ± 0.57	206	2.97 ± 0.56	203	2.27 ± 0.80	204	4.39 ± 1.27	202	4.28 ± 0.66	204	3.29 ± 0.65
女生	197	3.22 ± 0.46	188	3.12 ± 0.59	197	2.94 ± 0.57	196	2.15 ± 0.80	196	4.48 ± 1.45	193	4.37 ± 0.71	193	3.30 ± 0.64
四年级	138	3.34 ± 0.52	138	3.22 ± 0.67	138	2.86 ± 0.60	138	2.42 ± 0.84	138	4.66 ± 1.52	138	4.35 ± 0.66	138	3.30 ± 0.66
五年级	92	3.22 ± 0.47	81	3.02 ± 0.58	92	3.00 ± 0.53	88	2.12 ± 0.70	89	4.35 ± 1.30	85	4.37 ± 0.74	88	3.36 ± 0.69
六年级	173	3.18 ± 0.42	170	2.98 ± 0.48	173	3.00 ± 0.54	173	2.09 ± 0.79	173	4.31 ± 1.24	172	4.28 ± 0.68	171	3.24 ± 0.61
高比例学校	280	3.21 ± 0.49	271	3.17 ± 0.56	280	2.87 ± 0.52	276	2.29 ± 0.78	277	4.35 ± 1.32	276	4.24 ± 0.68	275	3.22 ± 0.62
低比例学校	123	3.33 ± 0.43	118	2.86 ± 0.58	123	3.14 ± 0.61	123	2.02 ± 0.81	123	4.63 ± 1.42	119	4.52 ± 0.66	122	3.44 ± 0.68

　　描述性统计分析发现（见表 1）①，流动儿童的城市文化适应和农村文化适应均为中等水平（3.24±0.47、3.07±0.58），城市文化适应水平显著高于农村文化适应水平（$t = 4.29$，$df = 388$，$p < 0.001$），自尊水平较低（2.95±0.56），孤独感为中等水平（2.21±0.80），生活满意度中等偏高（4.44±1.36），家庭功能良好（4.32±0.69，3.29±0.65）。

表 2　城市文化适应、农村文化适应、家庭功能与心理适应的相关分析

	城市文化适应	农村文化适应	家庭亲密度	家庭适应性
城市文化适应				
农村文化适应	-0.14**			
家庭亲密度	0.02	0.07		
家庭适应性	0.11*	0.15**	0.72**	
自尊	0.17**	-0.16**	0.27**	0.29**
孤独感	-0.49	0.14**	-0.24**	-0.15**
生活满意度	0.24**	0.17**	0.31**	0.36**

　　$* p < 0.05$，$** p < 0.01$，$*** p < 0.001$，下同。

　　将各研究变量进行 Pearson 相关分析。由表 2 可见，城市文化适应、农村文化适应与家庭适应性显著正相关；城市文化适应、家庭亲密度、家庭适应性均与自尊、生活满意度显著正相关；家庭亲密度、家庭适应性均与孤独感显著负相关；而农村文化适应与自尊显著负相关，与孤独感显著正相关，与生活满意度显著正相关。

（二）家庭功能在文化适应与心理适应关系中的中介作用检验

　　由于城市文化适应与自尊、生活满意度显著相关，农村文化适应与自尊、孤独感和生活满意度显著相关，因此本研究拟进行考察：（1）文化适应对心理适应的独立作用；（2）家庭功能在文化适应作用的中介效应。

---

　　①　以性别、年级、学校类型为分组变量，以各研究变量为因变量进行方差分析，结果显示，双重文化适应的年级效应显著，各研究变量均存在显著的学校类型主效应。具体来说，在城市文化适应和农村文化适应上，四年级儿童都显著高于五年级、六年级儿童；相比流动儿童比例低的学校的流动儿童，流动儿童比例高的学校的流动儿童城市文化适应更高，农村文化适应更低，家庭亲密度和家庭适应性更低，自尊更低，生活满意度更低，孤独感更低。

1. 文化适应对心理适应的独立作用

我们采用分层回归分析，在控制年级、学校类型影响的基础上，考察文化适应对心理适应的独立预测作用，结果见表3、表4。

表3显示，在控制了年级、学校类型的作用后，城市文化适应对自尊有显著的正向预测作用，城市文化适应对生活满意度也有显著的正向预测作用。

表4显示，在控制了年级、学校类型的作用后，农村文化适应对生活满意度有显著的正向预测作用，农村文化适应对自尊和孤独感的预测作用不显著。

表3　城市文化适应对自尊和生活满意度的回归分析

	自尊		生活满意度	
年级	.11 *	.13 **	- .11 **	- .08
学校类型	.22 ***	.20 ***	.11 *	.08
城市文化适应		.17 **		.22 ***
R^2	.06	.09	.02	.07
ΔR^2	.06 ***	.08 **	.02 *	.06 ***
F	12.66 ***	11.92 **	4.68 *	19.68 ***

表4　农村文化适应对自尊、孤独感和生活满意度的回归分析

	自尊		孤独感		生活满意度	
年级	.11 *	.09	- .17 **	- .16 **	- .11 *	- .08
学校类型	.22 ***	.20 ***	- .17 **	- .15 **	.12 *	.16 **
农村文化适应		- .09		.08		.20 ***
R^2	.06	.07	.06	.07	.03	.06
ΔR^2	.06 ***	.06	.06 ***	.06	.02 **	.05 ***
F	12.66 ***	3.32	12.34 ***	2.21	4.98 **	14.84 ***

2. 家庭功能在文化适应和心理适应的关系中的中介作用

由于城市文化适应对自尊有显著的正向预测作用，城市文化适应和农村文化适应对生活满意度有显著的正向预测作用，因此我们进一步考察了家庭功能在以上关系中的中介作用。按照温忠麟和叶宝娟（2014）的中介效应检验流程，本研究分别考察家庭亲密度、家庭适应性的中介作用模型中的系数 a、b 和加入中介变量之后，文化适应对心理适应的预测系数 c'，其中家庭功能在城市文化适应与自尊关系中的中介作用检验如表5所示。由表5可见，家庭适应性在城市文化适应与自尊的关系中有部分中介效应，中介效应占总效应的 24% 。

表 5 家庭功能在城市文化适应与自尊关系中的中介作用检验

潜在中介变量	Path a	Path b	Path c	Path c'	a × b	$R^2_{Bootstrap}$	ab/c'
家庭亲密度	0.01 (0.02)	1.34 (0.24)***	1.84 (0.53)**	1.75 (0.51)***	0.01	0.10***	0.006
家庭适应性	0.15 (0.06)*	2.31 (0.38)***	1.84 (0.53)**	1.48 (0.52)**	0.35		0.24

同样的方法，本研究考察了家庭功能在城市文化适应与生活满意度的关系中的中介作用，以及家庭功能在农村文化适应与生活满意度的关系中的中介作用。结果发现，家庭适应性在城市文化适应与生活满意度的预测关系中具有部分中介作用，中介效应占总效应的 18% ；家庭适应性在农村文化适应与生活满意度的预测关系中也具有部分中介作用，中介效应占总效应的 45% 。家庭适应性在城市文化适应、农村文化适应对自尊、生活满意度的预测关系中的中介作用路径关系见图 1 。

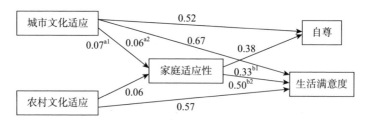

图 1 家庭适应性在城市文化适应、农村文化适应对自尊、生活满意度的预测关系中的中介作用路径

注：a1、b1 分别为城市文化适应通过家庭适应性影响生活满意度的路径系数，a2 为城市文化适应通过家庭适应性影响自尊的路径系数，b2 为农村文化适应通过家庭适应性影响生活满意度的路径系数。

四 讨论

（一）文化适应与心理适应的特点

研究发现，流动儿童的文化适应处于中等水平，城市文化适应水平显著高于农村文化适应水平。四年级儿童的城市文化适应水平和农村文化适应水平均显著高于五年级、六年级儿童。进一步的统计分析发现，流动儿童来到现居住城市的时间在年级上有显著性差异 $[F(1,403)=7.61,p<0.01]$，六年级＞五年级＞四年级，四年级儿童来到现居住城市时间最短，但是各个年级之间平均相差大约为 1 年，其来现居住城市时间平均值分别为 6.49 年、7.54 年、8.04 年，即这些儿童均是上小学之前一两年来到武汉的。根据刘杨等（2008）对于文化适应阶段的分类，本研究中的流动儿童来到武汉的时间都相对较长，已经经历了对城市文化的新奇兴奋阶段，进入融入阶段。进一步对文化适应各维度的分析发现，年级在城市文化适应的适应环境、内隐观念、语言上差异显著 $[F(1,403)=4.27,p<0.05;F(1,403)=6.89,p<0.01;F(1,403)=3.40,p<0.05]$；而且年级在农村文化适应上的外显行为、内隐观念、语言上差异显著 $[F(1,389)=11.06,p<0.001;F(1,389)=9.03,p<0.001;F(1,389)=4.64,p<0.05]$，均为四年级＞五年级＞六年级，表现为年龄越小，儿童的文化适应越好。这说明，文化适应可能是一个长期的过程，流动儿童来到一个城市进入基本适应阶段之后，随着年龄增长，可能在文化适应的深层面，比如内隐观念、语言等方面会有更多的自我感知困难。另外，教育部对于流动儿童教育安置方式的强制要求，减弱了流动儿童的被隔阂感、被歧视感，较晚来到武汉市的四年级儿童可能感知到更多的积极文化适应，从而对新文化融入和原有文化保持都表现得更好。

本研究显示，流动儿童的文化适应存在校际差异，流动儿童比例高的学校相对流动儿童比例低的学校，流动儿童的城市文化适应水平明显更低，农村文化适应水平明显更高。这与已有研究结果部分一致，例如，打工子弟学校流动儿童的适应状况显著差于公立学校的流动儿童（李晓巍、邹泓、王莉，2009；袁立新、张积家、苏小兰，2009；袁晓娇、方晓义、刘杨、李芷若，2009），公立学校的流动儿童的文化适应要更加容易（王中会、张盼、GeningJin，2014）。以往研究并未对城市文化适应和农村文化适应加以区分，从这一点上来说，本研究是对已有研究的进一步补充：流动儿童比例高的学校相对于流动儿童比例低的学校，流动儿童的城市文化适应水平确实更低，同时其农村文化适应水平更高。

研究同时发现，流动儿童的自尊水平中等偏高，孤独感较低，生活满意度较高，心理适应状况整体良好。流动儿童在学校中所占比重越小，其心理适应各项指标越好：自尊水平更高，孤独感更低，生活满意度更高。以往的研究表明，教育安置方式（公立学校和打工子弟学校）对流动儿童心理适应具有明显影响（袁晓娇、方晓义、刘杨、李芷若，2009），这种影响会通过城市适应起作用（袁晓娇、方晓义、刘杨、蔺秀云、邓林园，

2010）。本研究进一步说明，教育安置方式是公立学校还是打工子弟学校，对于流动儿童来说一个重要区别在于接触到城市儿童的机会不同，流动儿童身边城市儿童越多，心理适应越好。

（二）文化适应与心理适应的关系

本研究显示，流动儿童的城市文化适应与自尊、生活满意度呈显著正相关（$r = 0.17$，$r = 0.24$，$p < 0.01$），在控制年级、学校类型的作用后，城市文化适应对流动儿童的自尊和生活满意度均有显著的积极作用。流动儿童的农村文化适应与孤独感、生活满意度呈显著正相关（$r = 0.17$，$p < 0.01$），与自尊呈显著负相关，在控制年级、学校类型的作用后，农村文化适应对流动儿童的生活满意度有明显的积极影响。

这与我国已有相关研究一致，城市文化适应和认同对于流动儿童的心理适应（孤独感、自尊、抑郁）具有积极影响，而老家认同与孤独感、自尊、抑郁都没有关系（袁晓娇、方晓义、刘杨、蔺秀云、邓林园，2010）。这说明，在我国当下的城市化进程中，城市文化成为一种主流文化，人们更倾向于接纳、认同城市文化，这影响到流动儿童自己，也影响到流动儿童身边的人。因此，具有与城市文化一致的饮食习惯、行为方式、日常语言、价值观念等，会使得流动儿童更适应在城市生活，自我感觉更好，他人的评价也更高，因此流动儿童会具有较高的自尊和生活满意度。然而，一些国外的研究却发现，在美国的非美籍青少年对美国文化的高适应与内化问题有关，比如会有更高的抑郁症风险（Lorenzo-Blanco，Unger，Ritt-Olson，Soto，& Baezconde-Garbanati，2011）。这可能是由于跨国移民不仅有文化认同的问题，还有国家、民族认同问题，因此，对于移入国的文化认同还会引发与民族认同有关的焦虑和心理冲突，这种文化认同所带来的心理压力就会比在同一个国家内迁徙所获得的文化认同压力更大，带来更多的负向情绪。

农村文化适应会使得流动儿童的生活满意度更高。这说明，对于流动儿童而言，农村文化适应也是其生活中的重要内容。保留其原有的农村文化适应，会使他们的生活满意度更高。这与对我国少数民族大学生的研究（高承海、安洁、万明钢，2011）一致：整合型文化适应（两种文化适应都好）的大学生生活满意度更高。但是对于大学生来说，两种文化适应都好，自尊也更高，而对于自我认同尚未建立的流动儿童来说，可能因为其自尊的影响主要来自外部，所以主流的城市文化适应更好才会影响其自尊，而农村文化适应则与自尊无关。另外，农村文化适应与孤独感正相关，但在控制了学校类型、年级之后，农村文化适应对孤独感的预测作用不显著。同时，本研究还发现，在流动儿童比例高的学校中，流动儿童的孤独感更强。这说明农村文化适应本身并不影响孤独感，而是流动儿童所在学校中接触到流动儿童更多、城市儿童更少，导致了两方面的结果：一方面是农村文化的保留更高，另一方面可能是城市生活导致的隔离感更强，因此流动儿童的孤独感更强。

（三）家庭功能在文化适应与心理适应关系中的中介作用

本研究发现，流动儿童的家庭功能中的家庭适应性部分中介了城市文化适应对自尊、生活满意度的正向预测作用，也部分中介了农村文化适应对生活满意度的正向预测作用。验证了研究假设。

本研究中，流动儿童的城市文化适应水平越高，家庭功能发挥越好，特别是家庭的适应性越好，其自尊水平也越高。这可能与流动儿童整个家庭都倾向于接受城市文化的态度有关。流动儿童的城市文化适应较好，有利于整个家庭面对外在事件的适应性的提高，缓解整个家庭的适应压力，从而使得家庭功能特别是家庭的适应性更好，从而有利于提高儿童的自尊和生活满意度。

同时，流动儿童家庭虽然整体上都乐于接受城市文化，但他们显然还对农村文化持有认可、留恋的态度。本研究发现，流动儿童的农村文化适应水平越高，特别是其中的内隐价值观念越强，他们整个家庭的适应性和亲密性也越高。有很多研究显示，在流动儿童的人际关系中，老乡、农村中的亲戚等扮演着很重要的角色，也是流动儿童的社会支持的重要来源。这些人际关系也可能成为他们维系原有农村文化的重要纽带。因此，原有农村文化的保持会增强他们这部分重要人际关系的友好互动，从而也增强了家庭的亲密性，特别是家庭适应性及其生活满意度。

本研究验证了家庭功能在文化适应对心理适应的预测关系中的中介作用，说明文化适应不但直接影响个体的心理适应，而且是整个家庭需要面临的压力事件。流动儿童作为家庭的重要成员，其文化适应状况会影响整个家庭应对事件的适应性，从而影响家庭功能的发挥，间接影响流动儿童的心理适应。虽然城市文化迥异于农村文化，但是在我国城市化进程中，人们普遍更倾向于采取积极接纳城市文化的态度，其行为上更为主动融入，并会保留农村文化适应，特别是其中的内隐观念，从而可能产生一种新的城乡文化融合的文化。因此，两种文化适应都对流动儿童的积极心理具有正向作用。

　　本研究的不足在于未能同时考察流动儿童父母的文化适应，更准确地看到流动儿童文化适应与其父母文化适应的关系，了解其家庭功能发挥作用的具体机理。同时，本研究采用横断研究，不能准确揭示文化适应对家庭功能的影响作用。在本研究中更突出了流动儿童的主动影响作用，指出其文化适应对家庭功能具有积极影响。但也存在另一种可能：流动儿童的家庭功能影响作用更为强大，它作为一种心理资源，也会反过来影响流动儿童的文化适应和心理适应。

（四）研究结论

　　1. 流动儿童的文化适应处于中等水平，城市文化适应较农村文化适应好。流动儿童的文化适应存在校际差异，相比于流动儿童比例低的学校，流动儿童比例高的学校的流动儿童的城市文化适应水平显著更低，农村文化适应水平显著更高。

　　2. 流动儿童的城市文化适应对自尊、生活满意度具有积极影响，农村文化适应也会对生活满意度有积极影响。

　　3. 家庭功能在流动儿童的文化适应与心理适应之间存在部分中介作用，具体来说，家庭适应性部分中介了城市文化适应对自尊和生活满意度的影响，也部分中介了农村文化适应对生活满意度的影响。

参考文献

鲍传友、刘畅，2015，《小学流动儿童的文化适应状况及其改进——以北京市公办小学为例》，《教育科学研究》第 3 期，第 27 ~ 31 页。

陈新、刘杨，2010，《我国流动儿童城市适应研究述评》，《社会心理科学》第 11 ~ 12 期，第 62 ~ 67 页。

池丽萍、辛自强，2011，《家庭功能及其相关因素研究》，《心理学探新》第 3 期，第 55 ~ 60 页。

费立鹏、沈其杰、郑延平、赵靖平、蒋少艾、王立伟、汪向东，1991，《"家庭亲密度和适应性量表"和"家庭环境量表"的初步评价——正常家庭与精神分裂症家庭成员对照研究》，《中国心理卫生杂志》第 5 卷第 5 期，第 198 ~ 238 页。

冯淑丹，2012，《社会支持在流动儿童的家庭功能与问题行为之间的调节作用》，《教育测量与评价》（理论版）第 5 期，第 40 ~ 43 页。

高承海、安洁、万明钢，2011，《多民族大学生的民族认同、文化适应与心理健康的关系》，《当代教育文化》第 5 期，第 106 ~ 113 页。

郭良远、姚远、杨变云，2005，《流动儿童的城市适应性研究——对北京市一所打工子弟学校的调查》，《青年研究》第 3 期，第 22 ~ 31 页。

姜永志、张海钟，2010，《中国人自我的区域文化心理学探究：双文化自我与文化适应》，《江汉大学学报》第 3 期，第 57 ~ 60 页。

李晓巍、邹泓、王莉，2009，《北京市公立学校与打工子弟学校流动儿童学校适应的比较研究》，《中国特殊教育》第 9 期，第 81 ~ 86 页。

刘杨、方晓义、蔡蓉、吴杨、张耀方，2008，《流动儿童城市适应状况及过程———一项质性研究的结果》，《北京师范大学学报》（社会科学版）第 3 期，第 9 ~ 20 页。

申继亮、王兴华，2006，《流动对儿童意味着什么———对一项心理学研究的再思考》，《教育探究》第 2 期，第 5 ~ 10 页。

汪向东、王希林、马弘，1999，《心理卫生评定量表手册》，中国心理卫生杂志社。

王丹、杨广学，2011，《青少年情绪 - 行为问题、家庭功能及其关系的研究》，《中国特殊教育》第 3 期，第 52 ~ 56 页。

王中会、孙琳、蔺秀云，2013，《北京流动儿童区域文化适应及其对城市适应的影响》，《中国特殊教育》第 8 期（总第 158 期），第 55 ~ 60 页。

王中会、张盼、GeningJin，2014，《流动儿童社会认同与文化适应的相关研究》，《中国特殊教育》第 12 期，第 86 ~ 96 页。

温忠麟、叶宝娟，2014，《中介效应分析：方法和模型发展》，《心理科学进展》第 5 期，第 731 ~ 745 页。

徐丽琼，2012，《流动儿童的文化适应研究———以北京市一所公立中学为例》，《教育领导研究》（第二辑），第 64 ~ 74 页。

徐维东、吴明证、邱扶东，2005，《自尊与主观幸福感关系研究》，《心理科学》第 3 期，第 562 ~ 565 页。

余益兵、邹泓，2008，《流动儿童积极心理品质的发展特点研究》，《中国特殊教育》第 4 期，第 78 ~ 83 页。

袁立新、张积家、苏小兰，2009，《公立学校与民工子弟学校流动儿童心理健康状况比较》，《中国学校卫生》第 9 期，第 851 ~ 853 页。

袁晓娇、方晓义、刘杨、李芷若，2009，《教育安置方式与流动儿童城市适应的关系》，《北京师范大学学报》（社会科学版）第 5 期，第 25 ~ 32 页。

袁晓娇、方晓义、刘杨、蔺秀云、邓林园，2010，《流动儿童社会认同的特点、影响因素及其作用》，《教育研究》第 3 期，第 37 ~ 45 页。

曾守锤，2008，《流动儿童的幸福感研究》，《中国青年研究》第 9 期，第 37 ~ 41 页。

张春妹，2014，《现代城乡文化变迁中的心理适应》，《黑龙江社会科学》第 4 期，第 103 ~ 107 页。

郑日昌，1994，《中学生心理卫生》，山东教育出版社。

邹泓、刘艳、李晓巍，2008，《流动儿童受教育状况及其与心理健康的关系》，《教育科学研究》第 21 期，第 49 ~ 53 页。

Bacallao, M. L. & Smokowski, P. R. (2007). The costs of getting ahead: Mexican family systems after immigration. *Family Relations*, 56, 52 – 66.

Berry, J. W. (2003). Conceptual approaches to acculturation. *Acculturation: Advances in Theory, Measurement, and Applied Research*, 17 – 37.

Berry, J. W. (1997). Immigration, acculturation, and adaptation. *Appliedp sychology*, 46 (1), 5 – 34.

Berry, J. W. (1990). Psychology of acculturation: Understanding individuals moving between cultures. Brislin, R. W. (Ed). *Applied Cross-cultural Psychology*. Newbury Park: Sage, 232 – 253.

Berry, J. W., Phinney, J. S., Sam, D. L., & Vedder, P. (2006). Immigrant youth: Acculturation, identity, and adaptation. *Applied Psychology*, 5 (3), 303 – 332.

Berry. J. W. & Kalin, R. (1979). Reciprocity of inter-ethnic attitudes in a multicultural society. *International Journal of Intercultural Relations*, 3, 99 – 112.

Bettendorf, S. K. & Fischer, A. R. (2009). Cultural strengths as moderators of the relationship between acculturation to mainstream U. S. society and eating-and body-related concerns among Mexican American women. *Journal of Counseling Psychology*, 56, 430 – 440.

Birman, D. (1998). Biculturalism and perceived competence of Latino immigrant adolescents. *American Journal of Community Psychology*, 26, 335 – 354.

Lawton, K. E., & Gerdes, A. C. (2014). Acculturation and Latino adolescent mental health: Integration of individual environmental, and family influences. *Clinical Child and Family Psychology Review*, 17, 385 – 398.

Lorenzo-Blanco, E. I., Unger, J. B., Ritt-Olson, A., Soto, D., & Baezconde-Garbanati, L. (2011). Acculturation, gender, depression, and cigarette smoking among U. S. Hispanic youth: The mediating role of perceived discrimination. *Journal of Youth and Adolescence*, 40, 1519 – 1533.

McQueen, A., Getz, J. G., & Bray, J. H. (2003). Acculturation, substance use, and deviant behavior: Examining separation and family conflict as mediators. *Child Development*, 74, 1737 – 1750.

Miranda, A. O., Bilot, J. M., & Matheny, K. B. (2005). *Generational Differences in Acculturation in Latino Families: The Impact on Family Dynamics and the Stress-coping Resources Effectiveness of Its Members*. Unpublished manuscript.

Myers, H. F. & Rodriguez, N. (2003). Acculturation and physical health in racial and ethnic minorities. In K. M. Chun, P. B. Organista, & G. Marin (Eds.), *Acculturation: Advances in Theory, Measurement and Applied research* (pp. 163 – 185). Washington, DC: American Psychological Association.

Pavot, W. & Diener, E. (1993). Review of the satisfaction with life scale. *Psychological Assessment*, 5, 164 – 172.

Phinney, J. S. (1990). Ethnic identity in adolescents and adults: Review of research. *Psychological bulletin*, 108 (3), 499 – 514.

Schwartz, S. J. (2007). The applicability of familism to diverse ethnic groups: A preliminary study. *The Journal of Social Psychology*, 147, 101 – 118.

Schwartz, S. J., Unger, J. B., Zamboanga, B. L., & Szapocznik, J. (2010). Rethinking the concept of acculturation: implications for theory and research. *American Psychologist*, 65, 237 – 251.

Shek D. T. (2002). Family functioning and psychological well-being, school adjustment, and problem behavior in Chinese adolescents with and without economic disadvantage. *Journal of Genetic Psychology*, 163, 497 – 500.

Smokowski, P. R., Rose, R., & Bacallao, M. L. (2008). Acculturation and Latino family processes: How cultural involvement, biculturalism, and acculturation gaps influence family dynamics. *Family Relations*, 57 (3), 295 – 308.

Sullivan, S., Schwartz, S. J., Prado, G., Huang, S., Pantin, H., & Szapocznik, J. (2007). A bidimensional model of acculturation for examining differences in family functioning and behavior problems in Hispanic immigrant adolescents. *Journal of Early Adolescence*, 27, 405 – 430.

Szapocznik, J. & Williams, R. A. (2000). Brief strategic family therapy: Twenty-five years of interplay among theory, research, and practice in adolescent behavior problems and drug abuse. *Clinical Child and Family Psychology Review*, 3, 117 – 134.

Ward, C. & Rana-Deuba, A. (1999). Acculturation and adaptation revisited. *Journal of Cross-Cultural Psychology*, 30 (4), 422 – 442.

Zhang C., Zhang G., & Hu B. (2014). The characteristics of bidirectional acculturation in migrant children in China. *Proceedings of the First Summit forum of China's Cultural Psychology Psychology*, 192 – 199.

中国社会心理学评论　第 12 辑
第 110～130 页
© SSAP, 2017

当传统遇到现代：文化排斥效应对
老字号现代化的影响[*]

周懿瑾^{**}

摘　要：以往研究发现中西方文化混搭会出现文化排斥效应，而在时间维度上，传统文化与现代文化的混搭，避免了文化侵略效应的干扰，是否会出现同样的效应？通过设置老字号现代化的两种实验情境，本研究发现当传统文化与现代文化混搭时，人们会扩大传统文化和现代文化的感知差异，并产生排斥效应，表现为降低对老字号的评价。但这种排斥效应存在一个调节变量——文化相容性。当传统文化元素和现代文化元素所反映的价值观不冲突时，即文化相容时，排斥效应会消失。研究结果对文化混搭理论、品牌延伸理论有一定的贡献，亦为老字号的现代化、年轻化提供了路径，对中国传统文化的复兴也有一定借鉴作用。

关键词：文化排斥效应　老字号　文化混搭　传统文化　现代文化

---

* 本文为国家自然科学基金青年项目"主仆型品牌关系：品牌拟人化与地位对消费者互动的影响和作用机制研究"（项目号：71602193）、教育部青年项目"能力 vs. 运气：品名的暗示性意义对消费者认知、态度和行为的影响"（项目号：12YJC630323）、中山大学 985 工程"全媒体时代的新闻传播创新基地"项目成果。

** 周懿瑾，中山大学传播与设计学院公共传播系，副教授，硕士生导师，Email：zhouzhou626@126.com。

一　引言

全球化和现代化压缩了时空（Giddens，1985），不仅强化了本土文化和外来文化之间的冲突和融合，也使得传统文化和现代文化之间的张力增大（Fu，Chiu，Morris，& Young，2007）。人们经常同时经历两种文化象征物的共同刺激，如星巴克的月饼、卖萌的故宫淘宝等。空间维度上，中西方文化混搭的效应已经受到了众多学者的关注（Chiu，Mallorie，Keh，& Law，2009；Torelli，Chiu，Tam，Au，& Keh，2011），而时间维度上，传统文化与现代文化的混搭，避免了文化侵略效应（cultural intrusion）（Shi，Shi，Luo，& Cai，2016）的干扰，其效应是否与前期研究一致？对于这一问题，目前还缺乏实证研究的证据。理论上的不足也导致应用上的困境，如在商业领域，承载着传统文化意义的中华老字号进行现代化革新时，如何融入现代文化并能被接受赞赏？何时又会引起反感？目前并没有答案。

近期关于文化混搭（cultural mixing）的研究显示，在全球化的背景下，两种不同的文化同时出现在同一载体上时，容易使人产生本能的、自动的文化排斥效应（cultural exclusion effect），进而出现对外来文化疏离、拒绝和攻击的反应（吴莹、杨宜音、赵志裕，2014）。传统文化属于本土文化，现代文化在长期全球化的进程中，也逐渐褪去异域色彩，变成日常生活的一部分。这两种文化同时出现在一个载体上时（如老字号的现代化），是否会出现排斥效应？如果出现，那么该效应的边界条件是什么？

本文以中国传统老字号为原型，用实验的方法虚构了两个老字号现代化的情境，即传统文化和现代文化混搭的情境（一是老字号推出现代性较强的新产品；二是老字号使用含有现代文化价值观的广告语），以检验当具有传统文化意义的品牌加入现代文化元素时，消费者是否出现文化排斥效应及该效应的边界条件。

二　文献回顾和假设

（一）文化排斥效应

文化排斥效应是文化混搭带来的反应之一。文化混搭是指遭遇两种或多种文化的象征在同一个时空出现的经验，常导致个体产生文化排斥，这种反应和文化融合反应相对。文化排斥效应具体是指在文化接触过程中对外来文化的疏离、拒绝和攻击性的反应，其本质是在文化接触中害怕内群体文化被污染与威胁的反应，背后的行为动因是为了保护自身文化的纯洁性、完整性（吴莹、杨宜音、赵志裕，2014）。现有研究多从全球化的角度探讨外来文化和本土文化共存于同一时空，使得个体对文化间的差异有明确的感知，进而引起文化排斥效应。虽然其研究主体都是考量不同来源国的文化混搭，但对于文化来源国相同，却在时间上存在文化区隔的中国传统文化和现代文化混搭来说，仍有重要的借鉴意义。

首先，传统文化和现代文化的混搭，会如何影响个体的认知？双文化共现效应（bicultural exposure effect）的研究发现，当两个文化的象征符号在同一个时空出现时，两个文化的认知表征会被同时激活（Chiu, Mallorie, Keh, & Law, 2009）。人们在此时会试图定义这两个文化的不同，这反过来扩大了两个文化的感知差异。当某一文化象征符号单独呈现时，即使呈现的是外来文化，这种心理过程也不容易出现（Chiu, Mallorie, Keh, & Law, 2009；Torelli, Chiu, Tam, Au, & Keh, 2011）。更直接的证据是，Chen 和 Chiu（2010）的调查发现，长期生活在不同文化混搭的社会情境中的中国城市居民，相比中国农村居民更能知觉文化价值观的差异。这可能暗示了，当现代和传统文化的两个象征符号出现在商业载体上时，人们也会清晰地认知到两种文化的不同。

其次，当传统品牌混搭现代文化元素时，人们的态度如何？文化排斥效应的研究从群际关系的角度探讨过类似的问题：Torelli 和 Cheng（2011）及 Torelli、Chiu、Tam、Au 和 Keh（2011）发现，当品牌对当地文化产生一定威胁时，如消费者认为一些文化标志性品牌或品类受到了其他文化的"污染"时，消费者对其会有排斥反应。美国消费者看到一些中国品牌生产早餐谷物或牛仔服饰时（美国文化的标志性品类），会认为这是对美国文化的污染，从而对这些中国品牌的评价较低。特别是在其受到"死亡威胁"，产生较高的文化延续性需求时，这种排斥反应就更加显著（Torelli, Chiu, Tam, Au, & Keh, 2011）。中国人同样有这种排斥反应，在看到紫禁城中的星巴克以及麦当劳的饺子时，消费者对品牌的评价都较低（Chiu, Mallorie, Keh, & Law, 2009）。Shi、Shi、Luo 和 Cai（2016）从内隐认知的角度探讨人们对文化入侵的知觉反应，发现当消费者将麦当劳在长城开设分店这一举动解读为文化入侵（vs. 商业入侵）时，他们会产生排斥反应，如降低去麦当劳的应聘意愿，或者抵制联合利华并购中华牙膏（Shi, Shi, Luo, & Cai, 2016）。这些研究都表明人们可能对文化混搭的评价较低（吴莹、杨宜音、赵志裕，2014）。

　　虽然这些研究的情境多为中西方文化的混搭，以地域进行文化边界的划分，却显示了当两种文化同时出现在一个情境中时，人们为了使本地文化免遭污染而对外来文化表现出的排斥。不同情境下的文化排斥研究指出，这种对外来文化的排斥反应是迅速的、本能的和自发的，而对外来文化的融合是缓慢的，需要认知努力的。另外，当两种或多种文化共同出现，文化的类别属性就被凸显出来。这种类别化思维使得消费者更容易产生排斥反应（吴莹、杨宜音、赵志裕，2014）。

　　因此，我们推测传统文化和现代文化的混搭也可能会带来文化排斥反应。原因在于，中国传统文化和现代文化已经形成较为清晰的分野，同时呈现传统文化和现代文化的象征物，可能会产生双文化启动效应，进而引发文化排斥反应。中国在过去几十年的现代化轨迹中，从一个传统的农业社会，转变成为一个繁盛的工业和服务业社会，这种巨大的转变，使得西方社会的部分价值观也进入了中国，本土的传统文化与迅速涌入的西方文化交替与重叠，从而出现多重社会及多重价值观系统共存的现象，西方文化、中国传统文化、共产主义思想三者的融合和冲突变体为中国现代文化（Fan，2000）。杨国枢（2004）对于中国人传统性和现代性的研究也表明，传统价值观和现代价值观的各个子维度包含完全不同的内容。因此，我们推断同时呈现传统文化和现代文化的标志会引发双文化启动效应，即人们会扩大两种文化之间的感知差异，进而引发文化排斥反应。

　　H1：传统文化和现代文化的符号在同一载体上出现时，个体会产生文化排斥反应。

（二）老字号现代化与文化排斥

　　老字号品牌是中国传统文化的有形载体。它们多起于明清、民国政府时代，带有强烈的传统文化印记。根据 Holt（2004）的观点，中国消费者对于老字号的理解，依赖人们对中国清末至民国那段历史时期的意识文化形态的理解。且对于个体来说，老字号能够引发消费者与个人生活或整个时代有关的回忆和情感（何佳讯、秦翕嫣、杨清云，2007），激发消费者关于传统中国文化的多重意义和联想，是传统文化的标志性品牌（iconic brand）（卢泰宏、高辉，2007；周懿瑾、卢泰宏，2010）。

　　老字号现代化是一个传统文化和现代文化混搭的过程。何佳讯、李耀（2006）提出需要为老字号注入新时代的元素，以改善品牌形象（何佳讯、丛俊滋，2008）。但何佳讯、秦翕嫣和杨清云（2007）也发现，老字号在保留老元素和注入新元素之间存在矛盾，这其中很重要的风险和困难在于：老字号现代化不仅仅是引入新产品和新形象的简单商业问题，还因为其品牌的特殊性涉及文化混搭问题。

当老字号引入现代元素时，传统文化和现代文化的符号在同一载体上出现，形成了文化混搭，很可能会产生文化排斥效应。老字号现代化的主要途径之一是引入新产品（何佳讯、秦翕嫣、杨清云，2007），如云南白药改变产品形态推出云南白药气雾剂以及后来的牙膏，都属于在原有品牌下引入新产品，也称为品牌延伸。当延伸的产品比较具有现代性时（如口香糖、功能饮料、巧克力、牛仔裤等），老字号本身具有的传统文化就会与之形成文化反差，消费者在此情境下可能会更加认识到两种文化的不同，从而可能产生文化排斥效应，表现为消费者对老字号的评价下降。

我们假设：

> H1a：当老字号延伸进入较现代的品类时，消费者对传统文化和现代文化之间的感知差异会显著增大。
>
> H1b：当老字号进入较现代的品类时，会产生文化排斥效应，使得消费者对品牌的评价下降。

（三）文化排斥效应的边界条件：文化相容性

老字号现代化会遭遇一定的文化排斥效应，但这并不包括所有老字号产品的现代化。市场上有老字号现代化成功的案例，如云南白药的牙膏（品牌延伸）和王老吉（新定位和传播策略）。这些案例成功的要素除了技术能力匹配之外，还都符合 Torelli、Özsomer、Carvalho、Keh 和 Maehle（2012）提出的"文化相容性"（cultural compatibility）的概念。他们认为，在原有品牌中添加新的意义时，这个新的文化意义与原有品牌概念相容（vs. 冲突），会使得消费者更容易接受。而当新添加的文化意义与消费者自身的文化取向一致，并且与原有品牌概念相容时，消费者的接受程度会较高，评价也较高（Torelli、Özsomer、Carvalho、Keh、& Maehle，2012）。

具体到本研究，老字号现代化所承载的两类文化——传统文化和现代文化有冲突的一面，也有相容的一面，正如杨国枢（2004）所说，现代性和传统性并非对立的两极，而是一个连续变量。如果老字号现代化过程中加入的现代元素是与传统文化相容的，那么这种排斥效应可能就不会出现。

由此我们假设：

H2：当传统文化与现代文化的符号在同一载体上出现时，文化相容性是个体产生文化排斥效应的调节变量。

老字号现代化的另一个主要途径是通过改变传播沟通来改变老旧的品牌形象（何佳讯、秦翕嫣、杨清云，2007）。当老字号采用含现代价值观的广告语时，同样存在着文化混搭的问题。选择什么样的现代价值观作为广告沟通的主题，才能够既传达新形象又不引起消费者的排斥？根据 Torelli、Özsomer、Carvalho、Keh 和 Maehle（2012）的研究推测，当老字号选择与传统文化不冲突的现代价值观作为广告诉求点时，传统文化和现代文化之间的对比并不明显，消费者能够很好地接受，即对老字号的评价较高。

H2a：当老字号选择能够与传统文化相容的现代价值观作为广告诉求点时（文化相容度高），不会出现文化排斥效应，即消费者对品牌的评价较高。

H2b：当老字号选择与传统文化冲突的现代价值观作为广告诉求点时（文化相容度低），会出现文化排斥效应，即消费者对于品牌的评价降低。

三　实验一：老字号
——文化标志性品牌

（一）实验设计和实验流程

实验一的目的是探索老字号是否是传统文化的象征物。以往研究认为，文化标志性品牌/象征物具有激发文化意义的功能，这些标志仅出现在消费者视野中，就有可能激发其附带的文化意义，让见到的人进入某种特定的"强有力的，且普遍相同的思维模式"（如万宝路可以激发美国文化中"粗犷"的个体主义价值观）。如果老字号是传统文化的标志性品牌，那么品牌的出现就能够促进人们对传统文化价值观的回想。本实验通过一个 2（传统文化价值观 vs. 现代文化价值观）×2（老字号 vs. 中性品牌）的有提示回想任务来进行检验。参与实验的对象为大学一年级或二年级本科生，共有51名学生参与了本次实验，我们给予学生平时成绩加分和小礼物作为奖励。整个实验流程如图1所示。

第一步，被试阅读包含20个价值观的词语，10个为现代价值观，10个为传统价值观，并要对每一个条目写一个近义词或阐述其含义的短语以加强理解和记忆。第二步，要求被试填写一份较长的、与研究完全无关的问卷，以消除短期记忆。第三步，请被试对问卷中呈现的三个品牌做自由联想，并写下联想词汇。呈现给被试的品牌有两组（老字号组、中性品牌组）。第四步，要求被试尽可能地回忆并写出最初学习的价值观条目。第五步，被试填写简单的人口统计信息并解散。

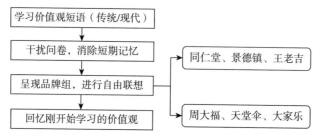

图1 实验一的实验流程

若老字号是传统文化的象征物，那么其品牌名称会具有激发文化意义的功能，有助于被试对传统文化价值观的回想。即当呈现老字号时，被试会更容易回想起传统文化价值观，而当呈现中性品牌时，因为其不具有文化意义的激发功能，被试对两类价值观的回想没有显著差异。

（二）预测试和实验材料

预测试通过另一组被试（$N = 40$）对不同品牌的文化标志性程度进行直接评价（1 = 该品牌和传统文化/现代文化一点儿关系都没有，它根本不是传统文化/现代文化的标志；7 = 该品牌与传统文化/现代文化有很强烈的联系，它绝对是传统文化/现代文化的代表），以此来选择实验使用的品牌。被试感知到"同仁堂""景德镇""王老吉"是较为传统的品牌（$M_{传统} = 6.39$），"天堂伞""周大福""大家乐餐饮"为中性品牌，其在现代性和传统性的得分上，都处于中立地位（$M_{传统} = 4.91$，$p < 0.001$；$M_{现代} = 4.93$，$p < 0.003$）。此外，这些品牌都是被试在该产品种类中提起频率较高的回想品牌（相对于所有品牌，其自由回想 > 52%）。

实验中的20个价值观短语来自Schwartz（1999）以及杨国枢（2004）的研究成果，本文选取了对于中国人来说比较重要和广为接受的10个现代价值观和 10 个传统价值观作为实验刺激材料。

本研究测量的因变量为被试回想起的现代和传统价值观的数目，包括完全正确的和内涵相似的。

（三）数据结果

数据显示，正确回想的价值观总数受到回忆提示品牌的影响。被试当看到作为回忆提示物的老字号时，回想起更多的传统文化价值观 ［$M_{传统}$ = 5.71 vs. 4.47，$t(1, 16)$ = 2.48，sig < 0.025］。在看到中性品牌时，被试所回想的价值观数目相似，没有显著差异（$M_{传统}$ = 5.33 vs. 5.24，sig = 0.43）（如图 2 所示）。

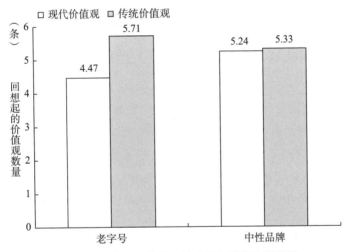

图 2　不同类型品牌提示被试回忆的价值观数量

这一实验结果证明老字号能够激起消费者对传统文化的记忆，是传统文化的象征物之一。当这一类品牌进入代表现代文化的产品品类中时，双重文化共同呈现在消费者面前，此时消费者会如何反应？实验二将进一步探讨。

四　实验二：老字号延伸至现代品类

（一）实验设计和实验流程

实验二的目的是在品牌延伸的情境下，验证老字号现代化导致的文化排斥效应。87 个华南理工大学的学生参与了该实验，他们被随机分配入 2

（现代品类 vs. 中性品类）×2（虚拟老字号 vs. 虚拟中性品牌）的组间设计实验条件中。本实验采用虚拟品名和一些不知名的真实品名，为的是避免知名的真实品牌本身已有的消费者感知影响实验结果。实验测量的因变量为品牌评价和感知的文化差异。

研究者告知被试他们参与的是某个国际广告公司进行的消费者行为测试，需要他们评价将要投入市场的品牌。老字号的两个组告知被试他们即将看到的品牌是全国各地的中华老字号，他们沿用原有的品牌名称，即将推出新产品，实验组是对老字号进入比较现代的品类（8 个）进行评价，控制组是对老字号进入中性的品类（7 个）进行评价。在中性品牌组，被试看到的品牌是由中国公司生产的即将推出的新产品，实验组对该品牌进入比较现代的品类（8 个）进行评价，控制组对该品牌进入中性的品类（7 个）进行评价。其中，中性品类、现代品类等皆由预测试选出。

（二）预测试与实验材料

预测试的目的是测量 24 个产品品类的现代性和传统性，选择更加"现代"的品类和较为中性的品类（既不传统也不现代，或是既传统也现代）作为正式实验的材料。40 个学生对 24 个产品品类进行打分（1 = 绝对不是，7 = 绝对是），写出该品类最易想到的品牌。然后，我们要求被试评价在购买这类产品时的介入度（1 = 无聊/没有吸引力/不感兴趣/不能显示使用者形象，7 = 好玩/有吸引力/有趣/显示了使用者形象）（Higie & Feick，1989）。

数据显示 6 个品类传统性得分较高（$M_{传统} = 6.24$），现代性得分低（$M_{现代} = 3.84$，$p < 0.001$），判为传统品类，如中药、茶叶、丝绸、瓷器等；有 11 个品类传统性得分较低（$M_{传统} = 2.60$），现代性得分高（$M_{现代性} = 5.83$，$p < 0.001$），为现代品类；有 7 个品类传统性和现代性得分都较低或者两者得分相近，这说明这些品类在传统和现代商业社会都广泛出现和发展，并没有停驻或是需求发生缩减，不带有特定的文化意义，为中性品类（$M_{传统} = 4.13$，$M_{现代} = 5.01$，$p > 0.10$）。

实验选择了消费者购买介入度相近的 8 种现代品类（去除了汽车、手机等介入度较高的品类）。为了对比数据结果，实验将 7 种中性品类作为操控组的实验材料，并虚拟了相应的品牌名称。虚拟老字号的命名设计遵循其命名规律（卢泰宏、高辉，2007），基本使用三音节词，或现有的知名度不高的品牌名称；虚拟无文化意义的品牌名称也遵循黄月圆与陈洁光（2002）的系列汉语品名研究中提出的汉语品名的一些基本命名原则，选择了很少含义的词，或是英文的音译，或是无意义的英文单词（见表1）。

表1　实验涉及的品类和虚拟品名

中性品类	虚拟品牌名称：老字号/中性品牌	现代品类	虚拟品牌名称：老字号/中性品牌
伞	桂香轩/季节风	跑鞋	步兴元/迪卡侬
咖啡	世一堂/薇乐	碳酸饮料	世一堂/Almdudler
餐饮	齐元楼/迪欧	摄影服务	大北照相馆/5号线摄影工作室
珠宝首饰	城隍/梵尼亚	口香糖	云临堂
糕点	毛元昌/欧克力	功能饮料	齐元堂/力维
啤酒	云临堂/英博	化妆品	孔凤春/艾维斯
洗浴用品	孔凤春/艾维斯	牛仔裤	乾泰源/ Lois
		巧克力	致原斋/薇乐

（三）因变量

第一个因变量是被试对品牌的评价（1 = 非常不喜欢、非常没有吸引力、非常差、非常没有意思；7 = 非常喜欢、非常有吸引力、非常好、非常有意思）。这4个问项的平均值作为品牌评价分数（a = 0.91）。

第二个因变量是被试感知的文化差异，即文化排斥的认知前提——感受到两种文化之间的差异。这一因变量的测量仿照 Chiu、Mallorie、Keh 和 Law（2009）的研究，要求被试估计三类可能性（0 ~ 100%），以测量被试是否感到了现代文化与传统文化之间的差异，每类5个问题共15道题，每个类别5题的平均值作为该类的得分。

第一类是传统 - 传统型，要求被试估计一个 MBA（虚拟人物）在多大程度上会同意10条传统价值观，这10条价值观是在中国传统文化中广为流传的（遵从权威、孝亲敬祖、安分守成、宿命自保、男性优越等。参考杨国枢，2004）。假设他同意了某一条传统价值观，是否意味着他会同意其他几条传统价值观？如，假设他强烈同意这一观点："要避免发生错误，最好的办法是听从长者的话"，那么你觉得他有百分之多少的可能也同意"领导等于大家长，一切事情都应听从他的决定"这一观点？

第二类是现代 - 现代型，要求被试估计在多大程度上这个 MBA 会同意10条现代价值观或信念，这10条是被文献广泛证明在现代文化中普遍共享的（平权开放、独立自顾、乐观进取、尊重感情、两性平等等）。假设他同意了某一条现代价值观，那么是否意味着他也会同意其他几条现代价值观？如，假设他强烈同意这一观点："男女未婚而同居，不该受到人们的轻视"，那么你觉得他有百分之多少的可能也同意"只要彼此相爱就可以结为夫妻，学历差距并不重要"这一观点？

第三类是传统－现代混搭型，假设他同意了某一条传统文化的价值观，那么是否意味着他会同意代表了现代文化的价值观？如，假设他同意这一观点："子女最大的罪过，是不孝顺父母"，那么你觉得他有百分之多少的可能也同意"如果子女觉得自己的想法合理，即使父母反对，也应该据理力争"这一观点？

（四）数据结果

1. 品牌评价

我们使用 ANOVA 对每组的评价平均得分进行 2（品类：现代品类 vs. 中性品类）×2（品牌类型：老字号 vs. 中性品牌）分析，品牌类型 $[F(1, 87)=8.47, p<0.01]$ 和品类 $[F(1, 87)=9.335, p<0.005]$ 的主效应显著，且两者的交互效应显著 $[F(1, 87)=13.686, p<0.001]$ 如表 2 所示）。在现代品类组被试对老字号的评价显著低于中性品牌 $[M_{老字号}=3.53, M_{中性品牌}=4.09, F(1, 43)=21.04, p<0.001]$。在中性品类组被试对老字号和中性品牌的评价没有差异（$M_{老字号}=4.11, M_{中性品牌}=4.00, F=0.325, p>0.57$）（见图 3）。

表 2 品牌类型（老字号 vs. 中性品牌）和品类（现代品类 vs. 中性品类）对品牌评价的影响

自变量	总平方和	df	均方	F	Sig.
品类	4.220	1	4.220	9.335	0.003*
品牌类型	3.829	1	3.829	8.470	0.005*
品类×品牌类型	6.187	1	6.187	13.686	0.000*

*$p<0.05$, **$p<0.01$，下同。

以上的结果支持了 H1b，即，当老字号进入现代品类时，消费者会产生排斥反应，表现为对老字号的评价会显著降低。当老字号进入中性品类时，消费者对老字号的评价不会下降（见图 3）。

2. 感知的文化差异

我们通过 ANOVA 分析对 2（品类）×2（品牌类型）×3（估计类型：

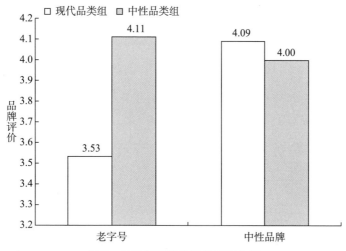

图 3　品类与品牌类型的交互作用

传统－传统 vs. 现代－现代 vs. 混合型）进行方差分析。对于现代品类组，品牌类型和估计类型的交互作用显著，$F(2, 129) = 6.43$，$p < 0.003$。即当被试评价老字号进入现代品类后，他们对于传统－传统价值观的估计值显著较高［$M_{老字号组} = 60.73$，$M_{中性品牌组} = 45.48$，$F(1, 42) = 7.00$，$p < 0.012$］，对于现代－现代价值观的估计值也显著较高［$M_{老字号组} = 80.10$，$M_{中性品牌组} = 69.79$，$F(1, 42) = 5.66$，$p < 0.023$］，对混合型价值观有较低估计值［$M_{老字号组} = 29.98$，$M_{中性品牌组} = 39.00$，$F(1, 42) = 3.38$，$p < 0.074$］。这表明被试感知文化内的相似性增强，而文化间的差异扩大了。

我们对于中性品类组也做了类似的分析，品牌类型和估计类型的交互效应不存在（$p > 0.60$）。在对每种估计类型的分析中，估计值都没有显著差别（$p > 0.31$）。

从图 4 可以看出，在老字号延伸到现代品类组时，被试对现代－现代价值观的估计和传统－传统价值观的估计都显著高于中性品牌组。这说明老字号现代化这种文化混搭使得被试感受到文化内部的一致性升高，而在混合型的价值观估计中，老字号组估值显著低于中性品牌组，这说明老字号现代化使得被试感受到的文化外部差异性上升，其对差异的敏感性显著超过了中性品牌这个对照组，支持了假设 H1a。

3. 小结

实验二证明了老字号进行品牌延伸时，引入的新品类如果具有较高的现代性，则会在同一品牌载体上同时呈现传统和现代两种文化的混搭，导致消费者感知两种文化之间的差异扩大，带来消费者的文化排斥效应，即

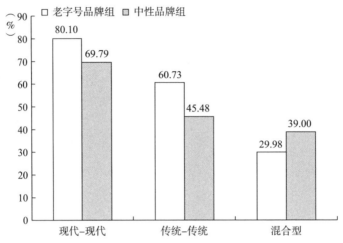

图 4　现代品类条件下，品牌类型对感知文化差异的影响

对老字号的评价下降。

如果老字号进入的新品类现代性不强，则不会使得被试意识到两种文化的不同，也不会产生文化排斥效应，即品牌评价较高。

实验二的贡献在于，首先，文化在时间性上亦存在区隔，其形成的文化混搭使被试可以产生与以往研究类似的排斥效应和认知差异，减弱了以往研究中地域因素（品牌来源国）的影响。这使得原有的文化排斥效应的研究结论更具有普遍性。其次，本文通过品牌延伸的情境引入传统文化与现代文化的混搭，发现品牌延伸获得成功的影响因素，并非只限于以往研究所关注的产品属性、品牌意义和技术能力，还有一个重要的影响因素——文化排斥效应。这一发现丰富和发展了品牌延伸理论。

实验二的局限在于，我们虽然发现了老字号现代化存在的文化排斥效应，但根据以往相关研究和市场案例，这种效应并非一直存在。老字号现代化受到文化排斥效应影响的边界在哪？什么情况下，这种文化排斥效应存在，什么情况下不存在？对上述问题的回答不仅可以在理论上探索文化排斥效应的调节变量，也可以在实践上帮助老字号在现代化过程中规避排斥效应。

五　实验三：老字号遇见现代价值观广告

（一）实验设计

实验三的目的是找到文化排斥效应的边界。Torelli、Özsomer、Carvalho、Keh 和 Maehle（2012）的研究曾证明，文化相容性是文化排斥效应的调节变量。实验二的数据也侧面支持了该假设：现代性不强的品类不会引发文化排斥效应，这些现代性不强的品类的现代性得分和传统性得分无显著差别，这些品类可以视为具有文化相容性的品类，老字号进入这些品类时没有引起文化排斥效应。因此，实验三引入老字号的广告传播情境，为老字号设计具有现代文化价值观的广告语。这些广告语有些是与传统价值观冲突的，有些是不冲突的，也就是具有文化相容性的，以此验证文化相容性对文化排斥效应的调节作用。

本实验采用虚拟的或消费者不熟悉的品牌名称，设计了一个 4（文化相容性：文化冲突 vs. 文化相容 vs. 对照组 – 传统 1 vs. 对照组 – 传统 2）×2（品牌类型：老字号 vs. 中性品牌）的实验，其中品牌类型为组间变量，文化相容性为组内变量。文化相容条件采用了传统文化和现代文化不冲突的文化价值观（情感）的广告，文化冲突条件采用了开放（性诱惑）这一与传统文化有明显冲突的现代价值观的广告，实验还使用"吉利""孝顺"这两个传统文化价值观作对照。

80 名华南理工大学本科一年级学生参与了本次实验。被试被随机分配到老字号组或无文化意义的中性品牌组。在老字号组，被试被告知见到的都是老字号品牌，在看过四个中性品类中相应的品牌名称及其广告语后，选择这则广告语所反映的信息含义（A 孝顺、B 情感、C 吉利、D 性诱惑、E 其他），并对广告、品牌分别做出评价；在中性品牌组，也是同样的设置，唯一不同的是相应每个品类出现的品牌都是虚拟的中性品名。

（二）实验材料

文化相容、文化冲突以及对照组的广告诉求反映了不同类型的价值观，其选择是根据杨国枢（2004）的研究做出的。杨国枢的研究发现，中国人的传统性有五个子维度：遵从权威、孝亲敬祖、安分守成、宿命自保及男性优越；现代性也有五个子维度：平权开放、独立自顾、乐观进取、尊重情感及两性平等。这十个心理维度在社会变迁中是并存的，不是简单的对应关系或此消彼长的关系。有些维度是相容的，例如"孝亲敬祖"与"乐观进取"正相关、"尊重情感"与五个传统维度都不构成冲突；有些成分是相互冲突的，例如"男性优越"与"两性平等"，"安分守成"与"平权开放"等。

首先，"尊重情感"这一现代价值观与所有传统价值观都无明显抵触，对情感的向往和追求也是一种普世的心理特征。因此，该维度和传统文化具有文化相容性。实验选择"情感"作为文化相容性组的诉求点。

其次,"平权开放"这一现代价值观与传统价值观有明显冲突。其与多个传统价值观都呈负相关关系(杨国枢,2004),其中"性开放"的条目,更是与传统价值观明显负相关。因此,实验选择现代广告中经常出现的"性诱惑"作为文化冲突组的诉求点。

最后,为了方便数据的比较和解读,实验增加了两个传统价值观的广告,作为对比。其诉求点一是"孝顺",二是"吉利"。这也是因为"孝亲敬祖""宿命自保"在现代人的心中,仍占据着很重要的位置(Tsang,2004;Zhou & Belk,2004;杨国枢,2004;Kramer & Block,2008)。因此,本研究选择传统文化中的"孝顺"和"吉利"作为对照组两个广告的诉求点。

表 3 呈现了在实验中使用的刺激材料。实验在四个中性品类中(餐饮、雨伞、开心果、沐浴露)虚拟了 4 个老字号和对照组的 4 个中性品牌,并为每一个品类虚拟了一条广告语,这四条广告语是从预测试中的 8 条广告语中筛选出来的,可以比较准确传达所需的传统性或现代性的文化价值观。

表 3 实验三所用的广告语

虚拟老字号	虚拟中性品牌	产品类别	广告语	广告信息	文化差异
云福堂	艾维斯	沐浴露	挑逗男人的嫩滑	性诱惑	冲突的现代价值观
桂美轩	季节风	雨伞	让我为你撑起一片天空(男人对女人说)	情感	相容的现代价值观
齐元楼	香江名城	酒楼	福气"蒸"照,好事滚滚来	吉利	传统价值观 1
五芳斋	Maple	开心果	开心,我同爸爸一起分享	孝顺	传统价值观 2

(三) 因变量

第一个因变量是被试对品牌的评价(1 = 非常不喜欢、非常没有吸引力、非常差、非常没有意思;7 = 非常喜欢、非常有吸引力、非常好、非常有意思)。这四个项目的平均值作为品牌评价分数($\alpha = 0.93$)。

第二个因变量是被试对广告的评价,采用 7 刻度量表(1 = 不吸引人/不欣赏/总体评价低,7 = 吸引人/欣赏/总体评价高),这三个项目的平均值作为广告评价的最后得分($\alpha = 0.94$)。

（四）数据结果

1. 操控检验

研究对被试是否识别或感知到广告所表达的文化含义进行了检测。结果表明每条广告都传达了期望的含义，没有造成混淆（Chi = 40.76 ~ 164.93，$p < 0.000$）（如表 4 所示）。

表 4　广告含义操控检验

	沐浴露 - 性诱惑	餐饮 - 吉利	雨伞 - 情感	开心果 - 孝顺
正确百分比	88.31%	71.79%	94.81%	60.53%

2. 评价假设检验：文化相容性对文化排斥效应的调节作用

我们将品牌评价的四个问项的得分进行平均，作为品牌评价指标的最后得分，通过 2（品牌类型：老字号 vs. 中性品牌）× 4（文化价值观：性诱惑 vs. 吉利 vs. 情感 vs. 孝顺）的 ANOVA 分析时，存在着边缘显著的交互作用（$p = 0.055$）（如表 5 所示）。

表 5　品牌类型（老字号 vs. 中性品牌）和文化相容性（冲突 vs. 相容 vs. 传统 1 vs. 传统 2）对品牌评价的影响

变量	总平方和	df	均方	F	Sig.
文化相容性	66.714	3	22.238	21.867	.000*
品牌类型	5.004	1	5.004	4.921	.027
文化相容性 × 品牌类型	7.818	3	2.606	2.563	.055

在对照组的两个广告中，被试对老字号和中性品牌的品牌评价没有显著差别（$p > 0.22$）。在"性诱惑"这一广告组中，即文化冲突组中，被试对于老字号的品牌评价远远低于中性品牌 [$M_{中性品牌} = 4.05$，$M_{老字号} = 3.27$，$F_{(1, 74)} = 9.76$，$p < 0.004$]，而在文化相容组（尊重情感），被试对老字号的评价略高于对中性品牌的评价，两者没有显著差别（如图 5 所示）。

为了对比更加清晰，我们将两个传统价值观的对照组去除，对 2（品牌类型：老字号 vs. 中性品牌）× 2（文化相容 - 情感 vs. 文化冲突 - 性诱惑）进行 ANOVA 分析，看文化相容性的调节作用。结果显示，文化相容性和品牌类型之间存在显著的交互效应（$p = 0.017 < 0.05$）。当文化相容性高时（尊重情感广告），没有出现文化排斥效应，即被试没有降低对老字号的评价，支持了 H2a；而当文化相容性低时（性诱惑广告），被试对

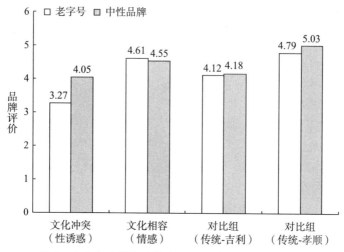

图 5 文化相容性与品牌类型对品牌评价的交互影响

老字号采用性诱惑的广告产生了排斥，显著降低了对老字号的品牌评价，支持了 H2b。

另一个有力的证据在于广告评价的数据。我们将对广告进行评价的三个问项的得分进行平均，作为广告评价指标的最后得分。2（品牌类型：老字号 vs. 中性品牌）×4（文化价值观：性诱惑 vs. 吉利 vs. 情感 vs. 孝顺）的 ANOVA 分析发现，并没有交互作用（$p > 0.6$）。被试对广告本身的评价并没有因为其是老字号或中性品牌而有差别，特别是实验中的性诱惑广告，被试对其的评价也是相似的（$M_{老字号组} = 3.80$，$M_{中性品牌组} = 3.79$）。但是这个广告被用到老字号的传播中时，就导致了消费者对品牌产生了较低的评价。可见消费者不是排斥广告，而是排斥这个广告应用在老字号的传播上。这一结果从侧面更加肯定了文化相容性对老字号现代化的调节作用，支持了 H2。

此外，通过 44 名大学生被试的品名后测检验，我们排除了品牌名称的可能影响（$M_{老字号} = 3.16$ vs. $M_{中性品牌} = 3.18$，$F < 1$）。这进一步证明了，如果老字号采用的具有现代价值观的广告诉求和传统文化价值观具有文化相容性时，文化排斥反应不会出现。

3. 小结

实验三发现，文化相容性是文化混搭排斥效应产生的调节变量。当老字号广告诉求采用与传统文化冲突的现代文化价值观时，即文化相容性低时，文化排斥效应出现。当老字号的广告诉求采用与传统文化不冲突的现代文化价值观时，即文化相容性高时，文化排斥效应则不会产生。

实验三的贡献在于，其一，在品牌传播领域再次验证了文化排斥效应，扩大了理论的应用范围；其二，发现了文化排斥效应产生的调节变量——文化相容性，完善了文化排斥效应理论，也为老字号进行品牌形象更新指出了道路。

六　结论与讨论

本文通过老字号现代化的两个情境，探讨了传统文化与现代文化混搭时，可能产生的文化排斥效应以及这种文化排斥效应发生的边界条件。本研究有以下发现。

老字号是中国传统文化的象征物，能够激发人们对传统文化价值观的回想。当老字号进入具有强烈现代性的品类（如运动饮料、牛仔裤等）时，老字号本身具有的传统元素和新品类带来的现代元素形成了传统与现代文化的混搭，导致人们对传统文化和现代文化之间的感知差异扩大，并产生排斥反应，表现为降低对老字号品牌的评价。

这种排斥反应可以通过"文化相容性"这一调节变量进行规避。在另一个老字号现代化的情境——新的广告诉求情境中，当老字号采用和传统文化冲突的现代文化价值观（性开放）作为广告诉求时，即文化相容性低时，消费者会产生显著的排斥反应，对老字号的评价较低；而当老字号采用和传统文化不冲突的现代文化价值观（尊重情感）作为广告诉求时，即文化相容性高时，消费者不会产生排斥反应，对老字号的评价较高。

本文的贡献在于以下几点。理论上，其一，本研究发现文化排斥效应可能发生在不同时代的文化间的混搭中，以往研究多探讨不同来源国的文化在混搭时产生文化排斥效应，而本研究发现文化的区隔不仅是空间上的，也是时间上的。中国传统文化与现代文化的混搭也同样产生了文化排斥效应。这使得文化排斥效应理论有更广的应用性。其二，实验二发现老字号在进入新品类时，如果选择太有现代性的品类，则会使得人们对品牌的评价降低。从品牌延伸的视角去看，文化意义的相容性也是影响品牌延伸的重要因素，这为品牌延伸的研究提供了新的研究视角。其三，本研究发现了文化排斥效应的调节变量——文化相容性，即发现了文化排斥效应的一个边界条件，为该理论的完善做出了贡献。其四，本研究也为品牌激活理论提供了一定借鉴意义。

在实践上，本研究为老字号的现代化提供了较为明确的道路。老字号激活的研究多从"充分激活旧元素"的角度出发，而对于如何"积极融入新元素"这一路径探讨较少，但这一路径又是老字号焕发青春的重要手段。本研究认为，老字号的现代化、年轻化不能一蹴而就，不能不顾消费者感知而去剧烈转变，也不能全然抛弃传统文化元素，而是应当逐步向现代性过渡。

此外，本研究也可为中国传统文化复兴提供一些启示。中国传统文化中有很多精华的内容，值得在浮躁的现代社会重新提出，以建立民族认同和指导共同价值观的形成。这些传统文化也需要在形式上、元素上、产品上进行现代化，在其核心思想不变的情况下，改变外在形式，让现代人喜闻乐见。这就需要规避文化排斥效应，提高个体对传统和现代文化混搭的接受程度。

本研究的局限和未来研究方向在于以下几点。首先，在中西方文化混搭中出现的排斥效应，本质是在文化接触中害怕内群体文化被污染与威胁的反应，背后的行为动因是为了保护自身文化的纯洁性、完整性，但在传统文化与现代文化混搭中出现的排斥效应，是否也是为了保护文化的纯洁性？本研究并没有对此进行探索。其次，在实验三虚构的传播情境中，文化相容情境和冲突情境都只设置了一种，冲突条件是性开放，相容条件是尊重情感，每种条件下较少的实验项目会导致研究结论推广上的局限性。再次，目前，社会心理学领域和品牌领域的研究学者比较关注双文化混搭产生的文化排斥效应。但事实上，双文化混搭可能产生积极的效果，如故宫淘宝的文化混搭就极受消费者欢迎。这其中的心理机制是怎样的？本文并没有探讨。最后，市场上也有大量的现代品牌混搭传统文化元素，如一些类似手机、汽车这样的现代产品的外观设计采用中国古典剪纸图样或青花图样，这也是双文化混搭，但实施主体不同。这种情况下是否也存在文化排斥效应？还是会有不一样的心理过程？这些都需要未来研究的进一步探索。

参考文献

何佳讯、丛俊滋，2008，《"仁和"与"时新"：中国市场中品牌个性评价的关键维度及差异分析——以一个低涉入品类为例》，《华东师范大学学报》（哲学社会科学版）第 5 期，第 82~89 页。

何佳讯、李耀，2006，《品牌活化原理与决策方法探窥——兼谈我国老字号品牌的振兴》，《北京工商大学学报》（社会科学版）第 6 期，第 50~55 页。

何佳讯、秦翕嫣、杨清云，2007，《创新还是怀旧？长期品牌管理"悖论"与老品牌市场细分取向——一项来自中国三城市的实证研究》，《管理世界》第 11 期，第 96 ~ 107 页。

黄月圆、陈洁光，2002，《中国商品品牌命名的规则和特点》，《南开管理评论》第 1 期，第 68 ~ 71 页。

卢泰宏、高辉，2007，《品牌老化与品牌激活研究述评》，《外国经济与管理》第 2 期，第 17 ~ 23 页。

吴莹、杨宜音、赵志裕，2014，《全球化背景下的文化排斥反应》，《心理科学进展》第 4 期，第 721 ~ 730 页。

杨国枢，2004，《中国人的心理与行为：本土化研究》，中国人民大学出版社。

周懿瑾、卢泰宏，2010，《标志性品牌研究述评》，《外国经济与管理》第 2 期，第 51 ~ 57 页。

Chen, X. & Chiu, C. - y. (2010). Rural-urban differences in generation of Chinese and western exemplary persons: The case of China. *Asian Journal of Social Psychology*, 13, 9 - 18.

Chiu, C. - y., Mallorie, L. A., Keh, H. T., & Law, W. (2009). Perceptions of culture in multicultural space: Joint presentation of images from two cultures increases in-group attribution of culture-typical characteristics. *Journal of Cross-Cultural Psychology*, 40, 282 - 300.

Fan, Y. (2000). A classification of Chinese culture. *Cross Cultural Management*, 7, 3 - 10.

Fu, J. H. - y., Chiu, C. - y., Morris, M. W., & Young, M. J. (2007). Spontaneous inferences from cultural cues: Varying responses of cultural insiders and outsiders. *Journal of Cross-Cultural Psychology*, 38, 58 - 75.

Giddens, A. (1985). *The Nation State and Violence*. Cambridge: Polity Press.

Higie, R & L Feick (1989). Enduring involvement: Conceptual and measurement issues. *Advances in Consumer Research*, 16, 690 - 696.

Holt, D. B. (2004). *How Brands Become Icons: The Principles of Cultural Branding*. Boston: Harvard Business School Press Books.

Kramer, T. & Block, L. (2008). Conscious and nonconscious components of superstitious beliefs in judgment and decision making. *Journal of Consumer Research*, 34, 783 - 793.

Schwartz, Shalom H. (1999). A theory of cultural values and some implications for work. *Applied psychology: An International Review*, 48 (1), 23 - 47.

Shi, Y. - y., Shi, J., Luo, Y. L. L., & Cai, H. - j. (2016). Understanding exclusionary reactions toward a foreign culture. *Journal of Cross-Cultural Psychology*, 47, 1335 - 1344.

Torelli, C. J. & Cheng, S. (2011). Cultural meanings of brands and consumption: A window into the cultural psychology of globalization. *Social & Personality Psychology Compass*, 5, 251 - 262.

Torelli, C. J., Chiu, C. - y., Tam, K., Au, A. C., & Keh, H. T. (2011). Exclusionary reactions to foreign cultures: Effects of simultaneous exposure to cultures in globalized space. *Journal of Social Issues*, 67, 716 - 742.

Torelli, C. J., Özsomer, A., Carvalho, S. W., Keh, H. T., & Maehle, N. (2012). Brand concepts as representations of human Values: Do cultural congruity and compatibility between values matter? *Journal of Marketing*, 76, 92 – 108.

Tsang, E. K. (2004). Superstition and decision-making: Contradiction or complement? *Academy of Management Executive*, 18, 92 – 104.

Zhou, N. & Belk, R. W. (2004). Chinese consumer readings of global and local advertising appeals. *Journal of Advertising*, 33, 63 – 76.

中国社会心理学评论 第 12 辑

第 131~149 页

© SSAP，2017

群己关系视角下社会个体化对政治认知及政治效能感的影响研究[*]

张曙光[**]

摘 要： 本文旨在研究政治效能感的内在机制及文化特异性，并探讨社会个体化在中西文化共生背景下对政治参与的影响。本文首先就"个体化倾向"对"政治效能感"的影响，建构出以"政治认知"为中介变量的模型，并对中西文化下的"政治认知"及其与"政治效能感"之间的关系进行分析；其次在此基础上提出一些相关假设；最后对 2010 年中国综合社会调查（$N = 10771$）中的 18~70 岁的成年人样本进行检验。结果表明，社会个体化直接或间接地对"政治效能感"特别是"内政治效能感"产生影响，两种政治认知——"情理型政治认知"与"法权型政治认知"——在其中起中介作用。这一结果有助于更好地理解中国社会个体化进程中政治参与的复杂性。

关键词： 社会个体化 政治认知 政治效能感 群己关系 中西文化

"政治效能感"（political efficacy）即"个体在政治领域的胜任感与信心"（Deol，2015），是一个西方学术概念。近年来，随着中国政治体制改

---

* 本文得到山西大学人文社会科学科研基金（106546001）的资助。感谢杨宜音教授、赵志裕教授、吴莹博士，以及匿名评审专家提出的宝贵意见和修改建议。文责自负。

** 张曙光，山西大学教育科学学院心理学系讲师，Email：zhangshuguang@ sxu. edu. cn。

革的不断推进，以及政治参与扩大现象——政治参与渠道呈多元化格局，制度化政治参与与非制度化政治参与交织并存——的日益凸显，"政治效能感"作为一种具有领域特异性的自我效能感，因被认为对政治参与行为具有显著的解释力而越来越受到国内学者的关注，大量相关研究相继涌现。总的来看，这些研究多聚焦于政治效能感的影响因素（丁百仁、王毅杰，2014；范柏乃、徐巍，2014；刘伟，2016；郑永兰、顾艳，2014）、政治效能感与政治参与之间的关系（李蓉蓉，2013；廖桂村，2012；刘芳、施文捷，2012；裴志军，2015；朱平，2014），以及政治效能感与信任（例如政治信任、社会信任、警察信任等）之间的关系（蔡加丽，2013；陈雪莲，2013；胡荣，2015；胡荣、沈珊，2015；袁浩、顾洁，2015；赵齐蕊，2013），而较少关注政治效能感的内在机制及文化特异性，政治认知（political cognition，PC）——"政治主体对于政治生活中各种人物、事件、活动及其规律等方面的认识、判断和评价，即各种政治现象的认识和理解"（王浦劬，1995）——对政治效能感的影响，以及当前中国社会转型的一个重要面相——社会个体化（individualization of society）（以下简称为"个体化"）——对政治效能感的影响。

在"政治认知"与"个体化"这两个影响因素中，"个体化"更为值得关注。作为社会结构变迁的一个重要动向，"个体化"本质上是"人的解放"过程（张良，2013），或者更为具体地讲，是个体从群体、阶级隶属关系，以及宗教信仰、价值观、社会制度等传统社会约束中挣脱出来，走向自立、自主、自决的再制度化过程。诚如埃利亚斯（2009）的过程社会学理论所揭示的那样，"个人的（心理）结构与社会的结构是在不可分割的互相联系之中形成的"，个体的（心理）结构嬗变（以下简称为"心理嬗变"）与社会结构变迁呈一体两面、互为依存的辩证关系，这意味着心理嬗变必然与"个体化"相伴发生。

粗略地讲，此心理嬗变的发生逻辑是：人是"开放的人"而非"封闭的人"，其"整个一生都必须向他人看齐，都必须依靠和依赖于他人"（埃利亚斯，2009），并由此在相互作用中建构起"自我－我们认同"（I-we identity）（相当于心理学中的"自我认同"与"社会认同"），"自我－我们认同构成了个人社会习性的不可或缺的组成部分"，而社会便是在"我们－自我平衡"（we-I balance），或者更为具体地说，是"我们－认同"与"自我－认同"的消长平衡中发生演变的，所谓"个体化"即是这样一种演变——"我们－自我平衡正向自我－认同这边转移"（埃利亚斯，2003），其间以"我们"为重心的旧平衡被打破，以"自我"为重心的新平衡正重建，换言之，个体立身处世的出发点与落足点正逐渐由"我们"转变为"我"。

联系现实来看，这一转变必然反映在人（群）己边界管理方面，而人（群）己边界管理的另一面是权利和义务的厘定和行使。基于此，从理论上讲，上述心理嬗变不仅会表现在伴生心理倾向——为了方便表述，姑且将之命名为"个体化倾向"——的增强上，还会连带地表现在自我边界特性、人（群）己关系取向及自我构念的变化上。联系前文分析，可将"个体化倾向"界定为：个体意欲摆脱各种强调既有关系规定的传统社会约束，厘清人（群）己边界，厘定权利和义务的倾向。此外，以上所谓"自我边界特性"是指自我边界在诸如清晰度、坚实度等方面所具有的特性；至于"人（群）己关系取向"则是指人们看待和处理人（群）己关系的心理倾向和行为风格，主要涉及人（群）己边界通透性、关系紧张性、相对重要性等不同方面。人（群）己关系取向通常关联着自我构念，即个体基于"人（群）己关系中的我"（self-in-relation-to-other）对自我的界定与理解（Cross，Hardin，& Gercek-Swing，2011）。

在群己关系所指涉的诸多具体关系中，个体与政府的关系尤为值得关注，毕竟政府天然地具有公共性——"政府是属于大众的，政府存在的合法性在于维护和实现公共利益"（陈国权、徐露辉，2004）。对于个体而言，"政治生活中各种人物、事件、活动"莫不和自身与政府之间的关系有关——"各种人物"是此关系的践行者；"事件"与"活动"是此关系的表征，故而可认为政治认知的核心是存在于个体与政府之间的群己关系，群己关系取向是政治认知的内在依据。基于这一点，本研究将"政治认知"界定为：个体作为政治主体，对于自身与政府之间关系的认识和理解。

为了研究"政治效能感"的内在机制及文化特异性，并借以探讨"个体化"在中国传统文化与西方现代文化（以下简称为"中西文化"）共生的背景下对"政治效能感"的影响，笔者将就"个体化倾向"对"政治效能感"的影响，建构出以"政治认知"为中介变量的模型，并结合已有相关研究成果，对中西文化下的"政治认知"及其与"政治效能感"之间的关系进行分析，然后在此基础上提出一些相关假设，最后利用相关调查数据对此予以检验。

一　理论分析与研究假设

"个体化倾向"本质上是一种"变迁人格"，即"在变迁的社会生存环境下，个体因变迁而形成应对变迁的心理与行为特质"（杨宜音，2010），它在很大程度上表现着个体遭受压抑的个性在其顺应"个体化"的过程中得到释放的趋向。梁漱溟（1999）曾将这样一种趋向称为"人的个性伸展"，并对此做出形象描述："以前的人通没有'自己'，不成'个'，现在的人方觉知有自己，渐成一个个的起来。"这一描述表达了"个体化倾向"具有动力性，其主要表征是：自我边界走向清晰化甚或坚实化，能动性及权利意识得到增强。此处所谓"能动性"是指"人类以其行动影响自身的运作（functioning），以及事件进程的能力"（Bandura，2009），它大致可以分为三种，即自立自依的个人能动性（personal agency）、假人之力的代理能动性（proxy agency）以及协力共为的集体能动性（collective a-gency）（Bandura，1997）。基于前文分析可认为，"个体化倾向"必然会对群己关系取向以及以群己关系取向为内在依据的政治认知产生影响。

对于人类来说，如何以群己关系的措置为基础和核心建构社会政治秩序始终是一个重要问题。人类最终依靠其丰富的想象力，用不同的文化设计有效地解决了这一问题。从根本上讲，社会政治秩序是一种"由想象所建构的"，"与真实的世界紧紧结合、密不可分"的秩序，"想象建构的秩序并非个人的主观想象，而是存在于主体之间，存在于千千万万人共同的想象之中"，人"从出生就已经置身于这种想象之中"（赫拉利，2014），其认知、认同以及价值观也因此而深受影响。从这个意义上来说，"政治认知"必定隐含着文化共同体对社会政治秩序的想象（以下简称为"社会政治秩序想象"），以及与之相关联的政治身份认同、政治价值观，从而为"政治效能感"提供必要的支撑。诚如国外学者伊斯顿和丹尼斯（Easton & Dennis，1967）所言，为了获取这样一种效能感，个体必须"能够在其政治身份认同水平上感知到自身的能力"；"就其所处身的政治世界建构出以强力线（strong lines of force）将自己与政界（place of officialdom）联结起来的心理地图（psychic map）"；"渐渐相信当自己表达诉求时，其他政治行动者能够予以倾听"；等等。当然，除了"政治认知"之于"政治效能感"的支撑作用之外，我们从中还可以看出，"政治效能感"这一概念本身具有两面性，即一方面指向过程，另一方面又指向结果。

与此一致的是，国内外学者多倾向于将"政治效能感"区分为两个维度，即"内部政治效能感"（internal political efficacy，IPE）及"外部政治效能感"（external political efficacy，EPE），前者作为个人能动性的具体体现，是指"个体对自身理解并有效参与政治过程能力的信念"；后者作为代理能动性的具体体现，是指"个体对当权者（政府领导）及政府部门对民众诉求响应性的信念"（Niemi，Craig，& Mattei，1991）。国外学者柯瑞阁（Craig，1979）形象地将这两个维度分别称作"输入功效"（input efficacy）与"输出功效"（output efficacy）。

基于以上分析，我们可以就"个体化倾向"对"政治效能感"的影响，建构出以"政治认知"为中介变量的模型，即"个体化倾向→政治认知→政治效能感（内部政治效能感/外部政治效能感）"。但同时，我们还应当认识到，文化、社会结构与个体（心理）是紧密联系在一起的，它们在"以自我为纽结"的相互作用中发生变迁（张曙光，2016），因此，在研究中我们就不能不考虑当代中国文化变迁的现状——中西文化杂糅共生（梁鹤年，2014）。从文化心理学的角度来看，"文化"可视为一套能够为个体在现实世界中的意义理解与建构提供指引的"解释性工具"（interpretive tool）（Markus & Hamedani，2007），中西文化的杂糅共生意味着个体往往会不同程度地与这两种文化——中国传统文化和西方现代文化——建立起片面性与复数性联结，从而拥有两种彼此相互作用的解释性工具（Morris，Chiu，& Liu，2015）。这意味着中国人在形成政治认知、建立政治效能感方面，至少有"中国传统文化"与"西方现代文化"两种解释性工具可用。形象地说，一种解释性工具即是一种"框架"，当然其可及性因人而异。

简言之，中国传统文化与西方现代文化的根本区别在于，前者的内核是"存在的连续观"——"天人、物我、人（群）己通而为一"，其中，人（群）己是"以一体之仁通而为一"，以情理相连；后者的内核可谓是"存在的断裂观"——"神人、物我、人（群）己分而为二"且须以"第三者"相连，例如，神人以"'道成肉身'的耶稣基督"相连，人（群）己以"契约、法律"相连（林安梧，2016）。在这一根本区别的统摄下，中西方人的自我边界特性、群己关系取向及自我构念迥然有异：中国人的自我边界模糊，具有通透性，或者说是可伸缩性（Yang et al.，2010），与此相应，其群己关系取向具有同构性（边界通透、相互贯通）、情理主导性，与之相关联的自我构念主要有"大我"与"小我"等，其中，"小我"多是指"个己"（有时是相对于"大我"而言的），"大我"则是指"以'小我'所归属的团体（可以是家庭、工厂、社会、国家）为自身界限的、具有包容性的'自己'"（杨中芳，1991），由"小我"到"大我"的扩展，即是一个以"个己"为中心渐次外推的过程；西方人的自我边界清晰而坚实，与此相应，其群己关系取向具有界分性（边界坚实、相互区隔）、契约主导性，与之相关联的自我构念主要有"独立我"等，"独立我"将自身（亦即"个己"）界定为独特、自立、自足、自主的个体

（Markus & Kitayama，1991）。

根据以上分析可以推测，在中西两种文化下，"政治认知"各有其不同形态（图 1 以"PC_A"指代中国传统文化下的政治认知，以"PC_B"指代西方现代文化下的政治认知），"政治效能感"自有其特异性及内在机制（图 1 以"IPE_A/EPE_A"指代中国传统文化下的内部/外部政治效能感，以"IPE_B/EPE_B"指代西方现代文化下的内部/外部政治效能感）；分别根植于中国传统文化和西方现代文化，且以相应的群己关系取向为内在依据的两种不同的政治认知，能够共存于个体头脑之中。基于此，我们可通过将"中国传统文化"与"西方现代文化"两种框架及其下的"政治认知"纳入其中，对前文提出的理论模型进行扩展（见图 1）。下面就结合已有相关研究成果，依次对中西文化下的政治认知、政治效能感以及两者之间的关系进行分析。

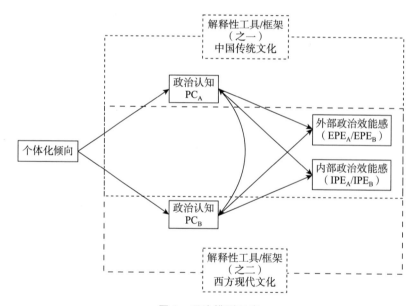

图 1　理论模型示意

注：A - 中国传统文化；B - 西方现代文化；PC - 政治认知；IPE - 内部政治效能感；EPE - 外部政治效能感。

作为"存在的连续观"在中国传统政治领域的具体体现，家国同构的政治模式必然落足于"家长制度"的实行。蔡元培（2010）对于"家长制度"曾有过如下阐述：

　　家长制度者，实行尊重秩序之道，自家庭始，而推暨之以及于一切社会也。一家之中，父为家长，而兄弟姊妹又以长幼之序别之。以是而推之于宗族，若乡党，以及国家。君为民之父，臣民为君之子，诸臣之间，大小相维，犹兄弟也。名位不同，而各有适于其时地之道德，是谓中。

显然，"家长制度"正是在"家"的隐喻下，以连续性和同一性的观点措置政治、社会及个人之间的关系的。与此紧密相关的政治理想是"天下为公，选贤与能，讲信修睦"（《礼记·礼运》），其中蕴含着深意：唯有选举贤能之士以为"家长"亦即"官"（或"君"），方能以"家"为基模，通贯性地建构出推己及人、人尽其能、各得其所、安定有序的"大同社会"。这一政治理想在历朝历代得到了不同程度的践行，从此意义上来讲，中国传统政治可谓是"贤能政治"。

在上述逻辑脉络下，官民（君民）关系也多取譬于父母与子女的关系，例如《诗经·小雅》有云："乐只君子，邦家之基"，"乐只君子，邦家之光"，"乐只君子，民之父母"；《尚书·洪范》有云："天子作民父母，以为天下王"；《荀子·王制》有云："君子者，天地之参也，万物之总也，民之父母也"；《礼记·中庸》有言："子庶民，则百姓劝"；《礼记·大学》有言："民之所好好之，民之所恶恶之，此之谓民之父母"；《左传·襄公·襄公十四年》有言："良君将赏善而刑淫，养民如子，盖之如天，容之如地；民奉其君，爱之如父母，仰之如日月，敬之如神明，畏之如雷霆"；等等。"父母官"这一称谓即由此而来。细究其里，不难看出为官者肩负着两大重任：一是"明人伦"，以理相推，即为政以德，身先垂范，教化民众；二是"得民心"，以情相拉，即体恤民情，为民做主，造福一方。两者相辅相成，力图塑就"遵守礼法的顺民"，避免造就"无所羁绊的暴民"（许纪霖，2015）。

以上分析表明，在中国传统文化下，政府（朝廷/国家）和个体的关系具有人格化的伦理性质：政府（朝廷/国家）无偏私地满足个体的"生存权、所有权等自然权利"（沟口雄三，2011），个体忠于、服从政府（朝廷/国家）。作为这一关系的心理表征，中国传统文化下的政治认知（PC$_A$）呈现出情理交融的特点，故而可称之为"情理型政治认知"。"情理型政治认知"所隐含的是"权利距离大""上尊下卑"（杨宜音、张曙光，2013）的社会政治秩序想象（可称为"上下结构化的社会政治秩序想象"）、"臣民/平民"这一政治身份认同以及"义务担当"作为道德要求被推高、"权利伸张"作为个人诉求被忽略的政治价值观。与此相呼应的是，中国传统文化偏重于强化代理能动性，培育"外部政治效能感"（EPE$_A$），同时抑制个人能动性，疏于培育"内部政治效能感"（IPE$_A$）。从个体的角度来讲，中国传统文化下的政治参与更多的是以情理型政治认知，以及与之相关联的"外部政治效能感"及自我构念——"大我"或"小我"——的凸显为支撑的。

作为"存在的断裂观"的具体体现，西方人曾一度将基督教中的人神契约精神移植到经济领域与社会政治领域，从而使契约分化为两种类型，即"私人契约"和"社会契约"。所谓"契约"是指当事双方为获取各自的更大利益，在不受干预或胁迫的情况下，以彼此基于自由意志达成的一致意见为基础，平等地建立起的权利 - 义务关系。总的来看，"私人契约"与"社会契约"彼此相异，但又互为关联：前者适用于私领域亦即经济领域，"涉及的只是私人的权利义务尤其是民事权利义务"，其实践以依合同办事为原则；后者适用于公领域亦即社会政治领域，"涉及的是全民的权利义务尤其是政治权利义务"，其实践以依法律办事为原则；后者是前者的前提和基础（邱本，2002）。

西方民主政治体制模式即是以社会契约为支撑的，在这一模式下，社会契约作为公意，见诸法律；法律本质上是服务于公民，但又要求公民予以信守的契约；国家一贯被视为人们相互订立契约的产物，而政府则是在"国家"这一政治场域中依法组建的，以维护和实现特定公共利益为其职能的行政机关。由此可见，个体与政府之间的关系本质上是一种法权化——所涉权利和义务均得到法律的确认、保护或监督——的契约关系：个体在保有本人的绝大部分权利（例如知情权、参与权、表达权、监督权、决定权等）的前提下，透过契约将很少部分权利让渡给政府，以此维护全体社会成员的公共利益，他们有义务服从政府的合法权威，而政府作为代理人，只有恰当地、积极地履行其应尽的义务，才能维护其权力的正当性与合法性。作为这一关系的心理表征，西方现代文化下的政治认知（PC$_B$）可被称为"法权型政治认知"。"法权型政治认知"所隐含的是权利距离小、人人平等的社会政治秩序想象（可称为"扁平化的社会政治秩序想象"）、"公民"这一政治身份认同，以及义务担当与权利伸张并重的政治价值观。与此相呼应的是，西方现代文化同时注重强化个体能动性与代理能动性，并着力培育"内部政治效能感"（IPE$_B$）与"外部政治效能感"（EPE$_B$）。从个体的角度来讲，西方现代文化下的政治参与更多的是以法权型政治认知，以及与之相关联的"内部政治效能感""外部政治效能感"及自我概念——"独立我"——的凸显为支撑的。

表 1　中西文化下的政治认知及政治效能感比较

作为"解释性工具"的文化	群己关系取向	政治认知	能动性	政治效能感	自我构念
中国传统文化	同构性取向 边界通透 相互贯通 情理主导	情理型 政治认知	个人能动性 抑制 代理能动性 强化	内部效能感 疏于培育 外部效能感 注重培育	小我－大我
西方现代文化	界分性取向 边界坚实 相互区隔 契约主导	法权型 政治认知	个人能动性 强化 代理能动性 强化	内部效能感 注重培育 外部效能感 注重培育	独立我

综上可见，中西文化对群己关系有着较为不同的设计，在这两种不同的框架下，无论"政治认知""政治效能感"还是"自我构念"，都呈现出显著的特异性；"政治效能感"赖以形成和变化的内在机制相同，但其发生逻辑不同（见表 1）。以已有分析为基础，可提出如下假设：

假设 1："个体化倾向"对"情理型政治认知"具有显著负向影响。
假设 2："个体化倾向"对"法权型政治认知"具有显著正向影响。
假设 3："情理型政治认知"对"内部效能感"具有显著负向影响。
假设 4："情理型政治认知"对"外部效能感"具有显著正向影响。
假设 5："法权型政治认知"对"内部效能感"具有显著正向影响。
假设 6："法权型政治认知"对"外部效能感"具有显著正向影响。
假设 7："法权型政治认知"与"情理型政治认知"呈显著正相关。

二　数据和统计分析方法

（一）数据来源及样本概况

本研究数据来源于 2010 年的中国综合社会调查（Chinese General Social Survey，CGSS）。该调查采用多阶分层概率抽样设计，覆盖中国大陆所有省级行政单位，共回收样本 11783 份。联系政治参与的具体实际，剔除其中因年事已高而在客观上相对较多地受到限制的样本（1940 年以前出生者）1012 份，剩余样本总量为 10771 份。样本的基本情况如表 2 所示。

表 2　样本基本概况的描述统计

	类别	人数（人）	有效百分比（%）
性别	男	5154	47.90
	女	5617	52.10
年龄	30 岁及以下	1918	17.80
	31~50 岁	5027	46.70
	51~70 岁	3826	35.50
	平均年龄	45（SD = 13.38）	
受教育程度	高中/中专及以下	8995	83.60
	大学专科	916	8.50
	大学本科	761	7.10
	研究生及以上	90	0.83
目前工作的单位或公司的单位类型	党政机关	229	5.00
	企业	1788	39.30
	事业单位	638	14.00
	社会团体	55	1.20
	无单位/自雇/自办（合伙）企业	1714	37.70
	军队	8	0.20
	其他	117	2.60

（二）变量的测量

1. 个体化倾向的测量

"个体化倾向"作为个体在其与社会相互建构的过程中发展出的一种变迁人格，必定会在个体与诸如子女、亲戚等内群体成员之间的互动中有着直接而充分的体现——厘清人（群）己边界，厘定权利和义务。鉴于此，我们认为 CGSS 2010 问卷中所包含的三个题项——"未经孩子许可，做父母的不能查看孩子的日记和信件"，"只要是熟人，要不要合同无所谓"，"假使我和亲戚做生意，也会事先商量好，按照协议办事"——构成的子问卷，在测量"个体化倾向"方面具有良好的内容效度。该问卷采用 5 点计分（1 = "完全不同意"；2 = "比较不同意"；3 = "无所谓同意不同意"；4 = "比较同意"；5 = "完全同意"），其中，题项"只要是熟人，要不要合同无所谓"系反向计分题。依惯例对反向计分题进行重新赋值。

　　信度分析表明，本问卷的信度略低（Cronbach's α=0.450）。但是，考虑到这主要与问卷项目数较少有关，事实上，也有研究者（吴统雄，1984；吴宗正、吴育东，2000）指出"0.4≤Cronbach's α<0.5"是一个可予以信赖的信度取值区间，故认为该信度尚可接受。进一步的统计分析显示，取样适当性尚可（KMO=0.580），巴特雷球形检验显著（χ^2=1454.073，df=3，p=0.000），这表明数据适合进行探索性因子分析。我们采用主成分分析法，选用最大变异法进行正交旋转，抽取特征根大于1的因子，最终只抽取出一个因子，其特征值为1.434，累积方差贡献率为47.80%，所有项目的因子负荷值均在0.60以上。依前文分析将此因子命名为"个体化倾向"，并通过采用简单算术平均数法计算其数值。

2. 政治认知的测量

　　"政治认知"在本研究中主要是指人们对自身与政府之间关系的认识和理解。当然，需要指出的是，"关系"作为一种内在规定性，必然是以互动为表征的。粗略地讲，当前中国民众与政府之间的互动无外乎两种：其一是以情理为纽带，强调彼此感通的互动（与"情理型政治认知"相对应），例如"领导走访慰问送温暖""民众服从政府""政府扶贫开发"等；其二是以契约为纽带，强调彼此的权利与义务的互动（与"法权型政治认知"相对应），例如"政府依法征税并进行公平合理分配""政府官员服务民众""政府信息公开""民众参与公共政策的制定"等。显然，在 CGSS 2010 问卷中，由"政府制定税收政策必须征求老百姓的意见""政府官员的工作就是为老百姓服务""对于'领导送温暖'等举动，老百姓应该感激""老百姓应该服从政府""只要纳了税，就有权利讨论政府怎么花钱"五个题项构成的子问卷对上述两种类型的互动均有涵盖，由此可认为它在测量"政治认知"方面具有良好的内容效度。该问卷采用5点计分（1="完全不同意"；2="比较不同意"；3="无所谓同意不同意"；4="比较同意"；5="完全同意"），其中无反向计分题。

　　信度分析表明，本问卷的信度同样略低（Cronbach's α=0.505）。但是依照吴统雄（1984）、吴宗正与吴育东（2000）等研究者所持观点——"0.5≤Cronbach's α<0.7"系最为常见的、具有较高可信度的信度取值区间——来看，此信度尚可。进一步的统计分析显示，取样适当性尚可（KMO=0.590），巴特雷球形检验显著（χ^2=5090.265，df=10，p=0.000），这表明数据适合进行探索性因子分析。我们采用主成分分析法，选用最大变异法进行正交旋转，抽取特征根大于1的因子，最终抽取出两个因子，其特征值为1.743、1.287，累积方差贡献率为60.60%，所有项目的因子负荷值均在

0.60 以上。依上述分析将这两个因子分别命名为"情理型政治认知"与"法权型政治认知",并采用简单算术平均数法计算其数值。

3. 政治效能感的测量

在 CGSS 2010 问卷中,用以测量"政治效能感"的量表由国外通用量表修订与扩充而来,具有良好的内容效度。量表包含"政府的工作太复杂,像我这样的人很难明白""我觉得自己有能力参与政治""如果让我当政府干部,我也完全能胜任""像我们这样的人,对政府的决定没有任何影响""政府官员不太在乎像我这样的人在想些什么""我向政府机构提出建议时,会被有关部门采纳""政府官员会重视我们对政府的态度和看法""当和别人讨论政府的工作或做法时,我对自己没什么信心""党组织愿意吸收像我这样的人入党""我对于政府部门的建议/意见可以有办法让领导知道"10 个题项,采用 5 点计分(1 = "完全不同意";2 = "比较不同意";3 = "无所谓同意不同意";4 = "比较同意";5 = "完全同意"),其中,题项"政府的工作太复杂,像我这样的人很难明白""像我们这样的人,对政府的决定没有任何影响""政府官员不太在乎像我这样的人在想些什么""当和别人讨论政府的工作或做法时,我对自己没什么信心"系反向计分题。依惯例对反向计分题进行重新赋值。

信度分析表明,本量表的信度相对较高(Cronbach's $\alpha = 0.754$)。进一步的统计分析显示,取样适当性尚可(KMO = 0.768),巴特雷球形检验显著($\chi^2 = 23243.654$, $df = 45$, $p = 0.000$),这表明数据适合进行探索性因子分析。我们采用主成分分析法,选用最大变异法进行正交旋转,同时限定抽取两个因子。最终所得两因子的特征值分别为 3.125、1.625,累积方差贡献率为 47.50%,所有项目的因子负荷值均在 0.45 以上。依上述分析将最终抽取出的两个因子分别命名为"外部政治效能感"与"内部政治效能感",并采用简单算术平均数法计算其数值。

(三)统计分析方法

基于前文建构的理论模型,我们以"个体化倾向"为外生变量,"情理型政治认知"和"法权型政治认知"为内生变量,"内部政治效能感"和"外部政治效能感"为因变量进行路径分析,以此检验研究假设,并在这一基础上考察"个体化倾向"对"情理型政治认知""法权型政治认知""内部政治效能感""外部政治效能感"的直接与间接影响,以及"情理型政治认知"和"法权型政治认知"对"内部政治效能感""外部政治效能感"的直接与间接影响。

三　结果分析

基于前文建构的理论模型进行路径分析，得到一个饱和模型（如图 2 所示），该模型的主要拟合指数为：χ^2（df）＝0（0）；RMSEA＝0.000；CFI＝1.000；TLI＝1.002；SRMR＝0.000。结果证实了假设 2、假设 3、假设 4、假设 5、假设 7，但未能验证假设 1 和假设 6。

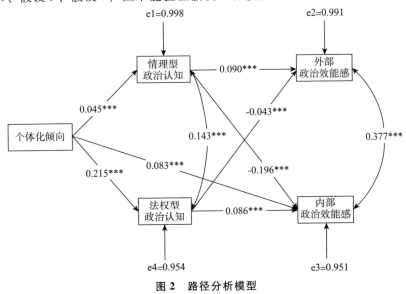

图 2　路径分析模型

***$p < 0.001$。

上述结果表明，"个体化倾向"对"情理型政治认知""法权型政治认知"及"内部政治效能感"均有显著正向影响，对"外部政治效能感"无显著影响；"法权型政治认知"对"内部政治效能感"有显著正向影响，对"外部政治效能感"有显著负向影响；"情理型政治认知"对"内部政治效能感"有显著负向影响，对"外部政治效能感"有显著正向影响；"法权型政治认知"与"情理型政治认知"呈显著正相关；"内部政治效能感"与"外部政治效能感"呈显著正相关。下面就对由以上结果引出的三个问题进行探析。

第一个问题是"个体化倾向"何以对"法权政治认知"与"情理型政治认知"均有显著正向影响。对于这一问题，我们应将"个体化倾向"的主要表征——自我边界的清晰化甚或坚实化，能动性（包括"个人能动性"与"代理能动性"）及权利意识的增强——与这两种政治认知的内涵，以及当前转型期文化与政治体制变迁现状联系起来进行分析。一种可能的解释是：由于文化与政治体制固有的嬗变性与传承性，以及两者的耦合性（中国传统文化透过"情理型政治认知"与贤能政治体制互为支撑；西方现代文化透过"法权型政治认知"与民主政治体制互为支撑）使然，当前转型期中国文化与政治体制变中有不变，在很大程度上糅合了中西方元素，但从总体上看，传统文化与政治体制仍具有压倒性影响——"在政治实践领域，家国一体的残余物依然强大，以德治国成为历代统治者信奉的不二理念，以家想象国，儒家的人情原则依然主宰着政治领域"（许纪霖，2015）。在这一背景下，高"个体化倾向"的个体一方面趋向于选择以"西方现代文化"为解释性工具，从而偏向持"法权型政治认知"，以及"独立我"这一自我构念；但另一方面却又时常会因现实需要而适应性地选择以"中国传统文化"为解释性工具，从而也或多或少地持"情理型政治认知"，以及"小我"这一自我构念（从理论上讲，"小我"到"大我"的扩展，会受到个体化倾向的抑制）。

　　第二个问题是"个体化倾向"为何对"内部政治效能感"有显著正向影响，对"外部政治效能感"却无显著影响。对于这一问题，可结合"内部政治效能感"与"外部政治效能感"的本质区别——前者指向过程，与己的关联性较强；后者指向结果，与己的关联性较弱——进行解释：个体的"个体化倾向"愈强，其"个人能动性"以及与之相关联的"内部效能感"就愈强，从而更有信心参与政治过程，以此维护自身及所属群体以及他群的合法权益，但由于政府响应民众诉求的及时性和有效性更多取决于政治体制建设现状而非个人意愿和能力，个体对此所抱持的信心——"外部政治效能感"——并不必然随之增强。

　　第三个问题是"法权型政治认知"为何对"外部政治效能感"有显著负向影响。对于这一问题，我们应将"法权型政治认知"的内涵与现实背景联系起来进行解释：个体愈信奉"法权型政治认知"，他（她）就愈可能倾向于基于扁平化的社会政治秩序想象、"公民"这一政治身份认同以及义务担当与权利伸张并重的政治价值观，对政府对于自身诉求的响应满怀期望，然而，在上下结构化的社会政治秩序仍占主导地位（杨宜音、张曙光，2013）的现实背景下，其期望往往会有不同程度的落空，"外部政治效能感"自然会随之走低。

表 3　个体化倾向与政治认知的直接与间接影响分析

	情理型 政治认知	法权型 政治认知	内部 政治效能感	外部 政治效能感
个体化倾向				

续表

	情理型 政治认知	法权型 政治认知	内部 政治效能感	外部 政治效能感
直接效果	.045	.215	.083	.000
间接效果	.031	.006	.003	-.001
总效果	.076	.221	.086	-.001
情理型政治认知				
直接效果		.143	-.196	.090
间接效果		.000	.044	-.075
总效果		.143	-.152	.015
法权型政治认知				
直接效果	.143		.086	-.043
间接效果	.000		-.039	.027
总效果	.143		.047	-.016

最后以路径分析为基础进行直接与间接影响分析，其结果如表 3 所示。从中我们至少可以看出：（1）相较于"情理型政治认知"与"外部政治效能感"，"个体化倾向"对"法权型政治认知"与"内部政治效能感"的影响更胜；（2）相较于"外部政治效能感"，"情理型政治认知"与"法权型政治认知"对"内部政治效能感"的影响更胜。这表明"个体化倾向"与两种政治认知的影响均有所偏重。

四 结论与讨论

综上分析可知，在中西文化共生背景下，"个体化"的伴生心理倾向——"个体化倾向"——作为前置心理变量，直接或间接地对"政治效能感"特别是"内部政治效能感"产生一些影响，其间接影响是以中西文化下的政治认知——"情理型政治认知"与"法权型政治认知"为中介变量的。下面就对这些发现进行讨论。

第一，"政治效能感"的形成与变化自有其内在机制。本研究从一个侧面揭示了这一内在机制："政治效能感"（特别是"内部政治效能感"）在一定程度上是以"政治认知"为支撑的，而"政治认知"则是以群己关系取向为内核的，因此可以说，"政治效能感"根植于群己关系取向，这一点已在国内学者李蓉蓉与王东鑫（2015）有关中国农民政治效能感形成的研究中得到佐证。正如前文所述，群己关系的措置对于任一社会而言，都是攸关社会政治秩序建构之成败的本源性问题，文化作为"引入并维持一种秩序，并抵御一切偏离自身、有沦为混乱迹象的东西"（鲍曼、梅，2010），必定会对此做出回应。通常来说，不同文化各成体系，自有其逻辑，它们对于群己关系有着不同的设计，这就从根本上决定了"政治效能感"必然具有文化特异性。然而，反观已有的诸多政治效能感研究，其中罕有对"政治效能感"的文化特异性的考量，这直接影响到了研究的本土契合性。

第二，"个体化"作为现代性的一个面向，其在当前中国社会转型中既呈现世界共性，又呈现本土特异性。本研究表明，"个体化倾向"总体上对"法权型政治效能感"和"情理型政治效能感"均有显著正向影响，这无疑从侧面折射出"个体化"的本土特异性，即"'去传统'又'依赖传统'"（王建民，2013）。从根本上讲，这一特异性之所以存在，是因为改革开放以来的"个体化"实际上是一个以个体的自我建构——呼求其"被作为个人看待"——为主要动力，国家、社会、市场、个体参与协商，重新厘定"群己权界"的过程（李明欢，2011），其间自我边界与个体－国家（政府）关系紧密相随，逐渐发生转型与重构，并由此带来冲突和悖论：国家有选择地释放市场，推进绩效型政府建设，"激发了个人权利意识的生成、自我边界的固化、社会联结的萌生"，但与此同时，国家又基于社会主义意识形态建设与管控的需要，"持续要求个人对国家的无条件服从、自我边界渗透、个人原子化"（施芸卿，2013）。种种事实表明，在如此"纷争不已的个体化进程"中，个体更多地呈现出自相矛盾的形象（阎云翔，2011）。

第三，中西文化共生，或者更进一步说，是两种不同群己关系取向并存的现状，从根本上决定了"个体化"对"政治效能感"的影响的复杂性。与此形成呼应的是，本研究在一定程度上揭示了"个体化"影响"政治效能感"的双重通道："个体化倾向"促动个体在与政治参与有关的具体情景下策略性地、权宜性地选择以"中国传统文化"或"西方现代文化"为解释性工具来引导和组织自身的意义理解与建构，从而使"情理型政治认知"或"法权型政治认知"凸显于心智活动的"前台"，并由此对"政治效能感"产生连带影响。由于当前转型期文化与政治体制变中有不变的现状使然，上述"双重通道"的并存不免会使政治参与呈现杂糅性特征，其背后则是分别根植于中国传统文化与西方现代文化的两种政治心理与行为倾向的相互缠绕、竞争与混搭，由此切入可以从更深层次来认识和理解其中充斥着"自相矛盾的个体形象"（阎云翔，2011）的政治参与扩大现象。

与此同时，我们还应该清醒地认识到本研究亦有不足：（1）由于问题意识以及研究数据所限，本研究仅仅关注了"个体化倾向""政治认知"两个变量对"政治效能感"的影响，并没有将诸如政治信任、政治面貌、社会经济地位等其他关键变量及其影响纳入研究视野；（2）本研究对"个体化倾向"与"政治认知"之间的关联所做的分析，更多的是一种静态化、总体性的分析，事实上，其背后隐含的文化知识应用是一个具有情境依存性的动态过程。为了克服这些不足，在后续研究中需要着力编制具有较高信度、效度的相关问卷，同时尽可能多地将其他关键变量纳入其中，并在必要时引入"人－情境－文化"这一分析框架。

参考文献

鲍曼、梅，2010，《社会学之思》，李康译，社会科学文献出版社。

蔡加丽，2013，《政治效能感、信任和怨恨——对基层政治参与的阶层差异的解释》，硕士学位论文，复旦大学。

蔡元培，2010，《中国伦理学史》，商务印书馆。

陈国权、徐露辉，2004，《论政府的公共性及其实现》，《浙江社会科学》第 4 期，第 38 ~ 42 页。

陈雪莲，2013，《地方干部的政治信任与政治效能感——一项以问卷为基础的研究》，《社会科学》第 11 期，第 4 ~ 15 页。

丁百仁、王毅杰，2014，《农村居民政治效能感及其影响因素分析》，《湖南农业大学学报》（社会科学版）第 3 期，第 61 ~ 66 页。

范柏乃、徐巍，2014，《我国公民政治效能感的影响因素研究——基于 CGSS 2010 数据的多元回归分析》，《浙江社会科学》第 11 期，第 25 ~ 30 页。

沟口雄三，2011，《中国的公与私·公私》，郑静、孙歌译，生活·读书·新知三联书店。

胡荣，2015，《中国人的政治效能感、政治参与和警察信任》，《社会学研究》第 1 期，第 76 ~ 96 页。

胡荣、沈珊，2015，《社会信任、政治参与和公众的政治效能感》，《东南学术》第 3 期，第 23 ~ 33 页。

李明欢，2011，《群体象征与个体选择：华侨农场的改革历程与归侨职工的诉求》，载贺美德、鲁纳主编《"自我"中国：现代中国社会中个体的崛起》，许烨华等译，上海译文出版社。

李蓉蓉，2013，《农民政治效能感对政治参与影响的实证研究》，《深圳大学学报》（人文社会科学版）第 4 期，第 79 ~ 85 页。

李蓉蓉、王东鑫，2015，《关系取向下中国农民政治效能感形成研究》，《山西大学学报》（哲学社会科学版）第 5 期，第 111 ~ 120 页。

廖桂村，2012，《一项关于中国中小民营企业主政治参与与政治效能感的实证研究》，硕士学位论文，上海师范大学。

梁鹤年，2014，《西方文明的文化基因》，生活·读书·新知三联书店。

梁漱溟，1999，《东西文化及其哲学》，商务印书馆。

林安梧，2016，《省思东西文明的异同》，《南方周末》2016年10月25日。

刘芳、施文捷，2012，《城市基层政治参与对政治效能感的影响：一项以上海社区为例的实证研究》，《社会》第2期，第223~241页。

刘伟，2016，《城市居民政治效能感影响因素研究——基于CGSS 2010数据的分析》，《中共福建省委党校学报》第8期，第103~109页。

诺伯特·埃利亚斯，2003，《个体的社会》，翟三江、陆兴华译，译林出版社。

诺贝特·埃利亚斯，2009，《文明的进程：文明的社会起源和心理起源的研究》，王佩莉、袁志英译，上海译文出版社。

裴志军，2015，《政治效能感、社会网络与公共协商参与：来自浙江农村的实证研究》，《社会科学战线》第11期，第195~205页。

齐格蒙特·鲍曼、蒂姆·梅，2010，《社会学之思》，李康译，社会科学文献出版社。

邱本，2002，《市场法治论》，中国检察出版社。

施芸卿，2013，《自我边界的"选择性固化"：公民运动与转型期国家一个人关系的重塑——以B市被拆迁居民集团行政诉讼为例》，《社会学研究》第2期，第125~151页。

王建民，2013，《转型社会中的个体化与社会团结：中国语境下的个体化议题》，《思想战线》第3期，第79~83页。

王浦劬，1995，《政治学基础》，北京大学出版社。

吴统雄，1984，《电话调查：理论与方法》，（台北）联经出版社。

吴宗正、吴育东，2000，《LISREL模式应用于行动电话消费者满意度之研究》，硕士学位论文，台湾国立成功大学统计研究所。

许纪霖，2015，《现代中国的家国天下与自我认同》，《复旦学报》（社会科学版）第5期，第46~53页。

阎云翔，2011，《导论：自相矛盾的个体形象，纷争不已的个体化进程》，载贺美德、鲁纳主编《"自我"中国：现代中国社会中个体的崛起》，许烨华等译，上海译文出版社。

杨宜音，2010，《人格变迁和变迁人格：社会变迁视角下的人格研究》，《西南大学学报》（社会科学版）第4期，第1~8页。

杨宜音、张曙光，2013，《在多元一体中寻找"我们"：从社会心理学看共识的建构》，《人民论坛·学术前沿》第7期，第23~30页。

杨中芳，1991，《试论中国人的"自己"：理论与研究方向》，载杨中芳、高尚仁合编《中国人，中国心：社会与人格篇》，（台北）远流出版公司。

尤瓦尔·赫拉利，2014，《人类简史：从动物到上帝》，林俊宏译，中信出版社。

袁浩、顾洁，2015，《社会公平感、政治效能感与政治信任：基于2010年中国综合社会调查数据的分位数回归分析》，《甘肃行政学院学报》第2期，第73~83页。

张良，2013，《现代化进程中的个体化与乡村社会重建》，《浙江社会科学》第3期，第

5～11 页。

张曙光，2016，《中国大陆社会心理学适应性重建初探：基于社会转型期知识社会学的视角》，《北京社会科学》第 3 期，第 97～105 页。

赵齐蕊，2013，《政治效能感与政治信任相关关系实证研究——基于成都市大样本社会调查》，硕士学位论文，西南交通大学。

郑永兰、顾艳，2014，《村民的政治效能感及其影响因素研究——基于对苏南四村 365 位村民的问卷调查》，《连云港师范高等专科学校学报》第 1 期，第 9～13 页。

朱平，2014，《新生代农民工政治效能感对其政治参与的影响研究》，硕士学位论文，华侨大学。

Bandura, A. (1997). *Self-efficacy：The Exercise of Control.* New York, NY：W. H. Freeman and Company.

Bandura, A. (2009). Agency. In Carr, D. (editor), *Encyclopedia of the Life Course and Human Development* (8 – 11). Macmillan Reference, New York, NY.

Craig, S. C. (1979). Efficacy, trust, and political behavioran attempt to resolve a lingering conceptual dilemma. *American Politics Research*, 7 (2), 225 – 239.

Cross, S. E., Hardin, E. E., & Gercek-Swing, B. (2011). The what, how, why, and where of self-construal. *Personality and Social Psychology Review*, 15 (2), 142 – 179.

Deol, R. (2015). *Personality and political Efficacy：The Effect of Need for Cognition and Need for E-valuation on Political Efficacy.* Western Political Science Association.

Easton, D. & Dennis, J. (1967). The child's acquisition of regime norms：political efficacy. *American Political Science Review*, 61 (1), 25 – 38.

Markus, H. R. & Hamedani, M. G. (2007). Sociocultural psychology：The dynamic interdependence among self systems and social systems. In S. Kitayama & D. Cohen (Eds.), *Handbook of Cultural Psychology* (3 – 39). New York：Guilford.

Markus, H. R. & Kitayama, S. (1991). Culture and the self：Implications for cognition, emotion, and motivation. *Psychological review*, 98 (2), 224 – 253.

Morris, M. W., Chiu, C. – y., & Liu, Z. (2015). Polycultural psychology. *Annual Review of Psychology*, 66 (1), 631 – 659.

Niemi, R. G., Craig, S. C., & Mattei, F. (1991). Measuring internal political efficacy in the 1988 National Election Study. *American Political Science Review*, 85, 1407 – 1413.

Yang, Y., Chen, M., Chen, W., Ying, X., Wang, B., Wang, J., & Kolstad, R. (2010). Effects of boundary-permeated self and patriotism on social participation in the Beijing Olympic Games. *Asian Journal of Social Psychology*, 13 (2), 109 – 117.

中国社会心理学评论　第 12 辑
第 150～167 页
© SSAP，2017

儒家伦理、国家民族观与权威
认同的危机[*]

赵　锋[**]

摘　要：当代中国人在他们的日常行为中常表现出两种冲突的权威观：儒家伦理的权威观与国家民族观的权威观。儒家伦理的权威观主张通过保障性手段来实现生活共同体内部成员间相对而具体的权威关系。现代国家民族观的权威观要求通过对人的塑造来实现主权－国家－民族对行动共同体内部所有成员抽象而绝对的权威关系。这两种权威观造成了普通中国人的权威认同危机，而这种危机也促进了融合的可能。

关键词：儒家伦理　国家民族观　权威认同

一　导论

若仔细观察一下，可以发现，当代中国人的日常行为常表现出两种不同的权威观。一种权威观，以儒家伦理为基础，经过两千多年的陶铸，已成为中国人集体无意识的组成部分，可称其为儒家伦理的权威观。另一种权威观，以西方现代的国家民族观为基础，国家民族观的权威观随着西方

---

[*]　本文系国家社科基金一般项目（项目号：15BSH009）的阶段性成果。笔者感谢匿名评审人的建设性意见。文责自负。

[**]　通信作者：赵锋，中国社会科学院社会学研究所、社会调查与数据处理研究中心，副研究员，Email：zhaofeng@ cass. org. cn。

文明的扩张，伴着坚船利炮和中国的现代化进程，也已植入普通中国人的精神。这两种本质上冲突的权威观，常以认同危机的形式，表现于普通中国人的日常行为中。当然，两种权威观冲突的结果不完全是你亡我存，现实中，它们也会混合在一起，展现出新的面目。

本文的目的是分析两种权威观的内容，进而说明普通中国人面临的权威认同的危机。

和社会科学中许多其他概念相似，"认同"是一个源自西方的、现代的观念。自 20 世纪 60 年代，"认同"作为一个学术概念，逐渐地被引入众多社会科学和人文学科中。于是，"认同"概念不可避免地包含了多种学术意涵，也担负了极为多样的理论和实践的功能。Brubaker 和 Cooper 总结了社会科学和人文学科中对"认同"概念的五种用法：（1）强调社会和政治行动的非工具方式（non-instrumental modes），与行动中的利益取向和工具主义相对；（2）被理解为特殊的集体现象，表明成员之中存在基本的同质性；（3）被理解为个体或集体"自我"的核心，构成了社会存在的深层的、基本的和持久的基础；（4）被理解为社会或政治行动的结果，一方面，在社会或政治行动的过程中，集体的自我理解和团结通过成员间的互动得到发展，另一方面，集体自我发展的成果又促进新的集体行动产生；（5）受福柯、后结构主义和后现代主义的影响，被视作由多种竞争文本构成的不稳定的、多面向的、起伏不定的和分裂的自我模式。本文取上述认同概念的第一种用法，将认同视作与工具主义相对照的指导人们社会行动的理据、原则和意义系统（Brubaker & Cooper, 2000）。

"认同"概念内在地含有危机的意义。如 Malesevic 指出的，认同产生于维系共同体的传统纽带的弱化（Malesevic, 2006）。在西方现代化过程中，随着旧等级体系的崩溃，个体需要重新发现、确定和创造"我"感，并以新的方式组织集体生活，形成新的"我们"。Bauman 说，认同是在现代条件下永不停息地寻求自身确定性，并将自身归属于一个更大类别的过程（Vecchi & Bauman, 2004）。因此，"认同"概念指明了传统和现代、个体和群体、确定性和不确定性身份的对峙。如果说危机表现了事物内部固有的对立性和冲突性，那么认同即认同危机。正是由于存在着观念体系的对立和冲突，普通人才有寻求和建构认同的整个过程。由于"认同危机"能更明确地表达认同过程所固有的冲突性，本文选择"认同危机"这一术语。

基于上述说明，我们将认同危机定义为：在日常生活中，可以用作指导一般普通人的实践活动的，含有内在对立性和冲突性的规范观念体系（与工具主义相区别，包含理据、原则和意义）。

　　这里，我们还要阐明"权威"的概念。在社会学研究中，韦伯对"权威"概念有清晰的表述。首先，韦伯认为，"'支配'乃是共同体行动中最重要的环节之一"。（韦伯，2004）其次，韦伯区分了两种基本的支配类型：基于利害关系状况的支配和基于权威的支配。权威型支配是指在支配者和被支配者之间，存在着命令权力和服从义务的关系。支配者的支配行为由于他（们）拥有的命令权力而得到保障；相应地，被支配者本着服从的义务，履行他（们）接到的命令。韦伯认为，权威关系总要以某种合法性（legitimacy）为基础。他进而提出，权威的合法性可以来源于：合理的规则制度、拥有神圣传统的人以及具有卡里斯玛（Charisma）的人。与韦伯不同，科耶夫将权威定义为：一个施动者对一些其他人（或者一个其他人）产生影响的可能性，同时，被影响的人尽管有能力反对施动者的影响，也不去实施他们的反抗（亚历山大，2011）。在科耶夫看来，权威的一个关键特征在于：只有诉诸权威的时候，人们才能——不使用武力——要求他人做他们非自发地（出于他们的自我需要）去做的事情。科耶夫区分了四种纯粹的权威类型：主奴型权威、父亲型权威、领袖型权威和法官型权威。由于本文的研究目的不在于澄清权威的概念，在此就不具体地比较韦伯和科耶夫权威概念的异同。从本文的研究出发，我们认为权威的概念包含三个方面。第一，权威关系是人与人之间的一种基本关系，构成了人们共同行动的基础。第二，正是由于权威关系的存在，在共同体行动中，施动方的意志行为才能自动地或自愿地被受动方当作自己的意愿去实现。第三，无论权威关系可以区分成何种类型，就现实的权威关系而言，总存在着一定的伦理规范，使得普通人能够在他们的社会生活中识别、确认和实现相应的权威关系。

　　据上述对认同概念和权威概念的说明，我们所谓"权威认同的危机"，包含以下诸要点：（1）在人们的日常生活中，"权威认同的危机"是为一般普通人所接受，并用以指导他们实施权威或接受权威的伦理规范。（2）相关的伦理规范可以帮助人们识别权威关系的形式；确认权威实现的条件和限度；在遇到反抗的可能时，论证权威关系和权威行为的合理性。（3）从自认同危机的角度而言，在普通人的社会生活中，起作用的伦理规范并非只有一种，可能存在两种或多种相互冲突的、同时发生效力的伦理规范。

　　本文所要分析的两种权威观正是在普通中国人的社会生活中起作用的两种对立和冲突的伦理规范。普通中国人的"权威认同的危机"是这两种伦理规范同时作用导致的。本文通过三个部分的内容来进一步阐明两种伦理规范的权威观的对立和冲突：第一部分分析儒家伦理中的权威观，第二部分讨论国家民族观隐含的权威观，第三部分比较两种权威观之异同，以说明普通中国人面临的权威认同之危机和融合。

二　儒家伦理中的权威观

首先要说明的是，儒家伦理不同于儒家思想。四书五经及其经典阐释构成了儒家思想的基本内容。这些基本内容与其说是伦理的，不如说是伦理学的理论思考。它们的内容不在于向现实生活中的普通人指明应当如何去做，而在于阐述"应当做"的一般原则和理论根据。中国古代文献中的历代家训真正地记录了指导普通人具体生活的伦理规范。因此，本文旨在透过对历代家训文本的分析，指明儒家伦理中的权威观，而不涉及儒家思想的经典文献。

（一）儒家伦理的权威基础

家共同体是儒家伦理中的第一种权威关系形态。儒家伦理中的家是士大夫之家。士大夫是这个家共同体的家长，且统御着群子弟和家众。士大夫之家的主体包括四类人：家长，即士大夫本人；其他男性群体，即家长的子辈和侄辈，以及家长的兄弟；家内的女性群体，即家长的母亲、妻妾、姑嫂等；由仆从、奴婢构成的家众。北宋的司马光在其所著《居家杂仪》中详细规定了家长、子女和卑幼应当遵从的礼仪和应负的职责。

> 做家长的：必谨守礼法，以御群子弟及家众。分之以职，授之以事，而责其成功。制财用之节，量入以为出，称家之有无，以给上下之衣食。及吉凶之费，皆有品节，而莫不均壹。裁省冗费，禁止奢华，常须稍存赢余，以备不虞。
> 做子女的：凡子受父母之命，必籍记而佩之，时省而速行之。事毕，则返命焉。或所命有不可行者，则和色柔声，具是非利害而白之。待父母之许，然后而改之。若不许，苟于事无大害者，亦当曲从。
> 做卑幼的：凡卑幼于尊长。晨亦省问，夜亦安置。坐而尊长过之，则起。出遇尊长于途，则下马。

宗族共同体是儒家伦理中的第二种权威关系形态。关于宗族最有神话性质的一则故事载于《宋史·陈兢传》。从唐文宗大和六年（832），陈旺迁居江州德安县太平乡常乐里永清村起，到宋仁宗嘉祐七年（1062）奉旨分家，陈氏宗族世代同居，历十余代，约 230 年。史载，陈氏"十三世同居，长幼七百口，不蓄仆妾，上下姻睦，人无间言。每食，必群坐广堂，未成人者别为一席。有犬百余，亦置一槽共食，一犬不至，群犬亦皆不食"。

宗族只是对累世同居的家的聚合体的统称。在实际的具体形式、范围、功能和理想上，宗族间有相当大的差异。最松散的宗族仅由族谱来维系。北宋的苏洵就想通过著作《苏氏族谱》，将松散的各家凝聚在一起。作者在自述撰写族谱的目的时说，"观吾之谱者，孝弟之心可以油然而生矣。情见乎亲，亲见于服，服始于衰，而至于緦麻，而至于无服，无服则亲尽，亲尽则情尽，情尽则喜不庆，忧不吊。喜不庆，忧不吊，则途人也。吾之所以想视如途人者，其初兄弟也。兄弟其初，一人之身也。悲夫一人之身，分而至于途人，此吾谱之所以作也"。族谱除了有凝聚族人的作用，还规定"凡在此者（录于谱上的人），死必赴，冠、娶妻必告，少而孤则老者字之，贫而无归则富者收之。而不然者，族人之所共诮让也"。

族约比族谱更有约束力。这类宗族的核心是祠堂。基于宗族祠堂，宗族内还会设立义田、义塾、家礼和户役。这类宗族形态更复杂，也更具有内聚力、团结力和约束力。关键是，这类宗族必设族长。如明嘉靖八年（1529）进士项乔在其《项氏家训》中要求，"设有德有风力者一人为族长，以亢宗祊，不拘年齿。若宗子贤，即立宗子为族长。宗子不称，别立族长。宗子只主祭祀。设质直好义，达时务者四人为族正，以辅族长。设知书理，通古今者一人为司礼。二十人为礼生，专管礼仪。凡族有大事，如冠婚，丧祭，生子，命名等项，必与族长，司礼讲仪而后行。族长立'计过''旌善'薄二扇，以纪族人行检。族长，正要先自守礼法，毋偏毋党，为一族表率"。

这类宗族最紧要的共同活动是每年的宗族祭祀。明正德八年（1513），举人王澈在《王氏族约》中规定："其祭以立春行之，余三时则荐。立春之祭，至大礼也。先期三日，应祭办之家，即以斋戒牌逐房预报，子自孙十岁以上，至期俱盛服趋事。其贾贩在外者，悉归与祭。设遇官事疾病，不能与祭者，先一日具于司礼准免。"

更进一步的宗族联系建立在共同的经济活动的基础上。明正德九年（1514）进士霍韬的家训有《货殖》一篇，其中要求"凡石湾窑治，佛山炭铁，登州木植，可以便民同利者，司货者掌之。年一人司窑冶，一人司炭铁，一人司木植，岁入利市，报于司货者。司货者岁终咨察家长，以知功最"。这类宗族不仅有房的分化和祠堂的整合，还伴有共同经营的分化和功能上的整合。

乡党共同体是儒家伦理中第三种权威关系形态。乡党似乎指一个比家和宗族大的地域共同体。但是，它的整合程度不如家和宗族。北宋的吕大钧在《吕氏乡约》中有言，"人之所赖于邻里乡党者，犹身有手足，家有兄弟。善恶利害皆与之同，不可一日而无之。不然，则秦越其视，何与于我哉"。明正德年间进士黄佐著有《泰泉乡礼》七卷，其中列举了乡党的五件大事："一曰乡约，以司乡之政事；二曰乡校，以司乡之教事；三曰社仓，以司乡之养事；四曰乡社，以司乡之祀事；五曰保甲，以司乡之戎事。"为了保证乡约能够得到切实履行，还要由乡人"自推聪明诚信，为众所服者"为约正和约副。

家、宗族和乡党是儒家伦理最关注的生活共同体，儒家伦理规定的权威关系就是基于上述三类生活共同体的。然而，在普通人的社会生活中，他们不是同家、宗族和乡党直接发生权威关系，而是与家中、宗族里和乡党中的他人相往来。所以，儒家伦理中的权威观还确立了人们在这三类共同体中的权威关系。

儒家伦理透过对普通人日常生活的伦常安排，规范了他们之间的权威关系。宋司马光的《家范》对之做了比较全面的规定，依次区分了祖、父、母、子、女、孙、伯叔父、侄、兄、第、姑姊妹、夫、妻、舅甥、舅姑、妇、妾、乳母各角色。作者还强调："父慈而教，子孝而箴，兄爱而友，弟敬而顺，夫和而义，妻柔而正，姑慈而从，妇听而婉。"在这些复杂的关系中，最重要的是作为日用伦常核心的夫妻、父子和兄弟间的关系，这些关系中都含有权威内容。此外，长幼、尊卑和男女间的抽象关系也含有权威内容。

儒家伦理规定的权威关系还有两个明显的特征。一是拥有权威的人要担负起相应的道德义务。比如，父母可以要求子女恭顺，同时父母一定要担负起养育和教育子女的责任，并成为子女的道德模范。另一个特征是，当权威拥有者的训示违反了伦理义务时，恭顺方不仅无服从的必要，还有规劝的义务。

（二）儒家伦理的权威内容

儒家伦理要求人们在日常生活中尊礼仪。"礼"是人们日常交往的规则和规范。

南宋大儒朱熹编撰有《家礼》五卷，依次为通礼、冠礼、昏（婚）礼、丧礼和祭礼。诸种礼仪对百姓家庭日常生活中的各项礼事活动所要求的程序、器用、陈设及服装标准等做了详细的规定。《家礼》还特别创设了祠堂制度，以周礼中的庙制为精义，又根据当时的礼俗做了相应的增删。在儒家伦理中，除了有为一般士大夫之家设定的礼仪外，还有为寻常百姓人家设定的礼仪规范。隋唐之间的一位无名氏，在其著作《太公家教》中，用韵语的形式对儿童进行道德规范教育。书中有，"与人相识，先正仪容，称名道字，然后相知。陪年已长则父事之，十年已长则兄事之，五年已长则肩随之"。

儒家伦理的"礼"构成了日常权威活动的主要内容，即人们在日常交往中要根据自己和对方的身份和相互关系依礼而行。然而，依礼而行的难题在于，没有一本关于礼的规范可以穷尽人们日常交往活动的所有事项，也不可能对所有的人规定其在任何情况下应当遵循的礼仪规范。因此，礼仪还要有孝义来补充。

孝是儒家伦理的核心内容。隋代的杜正伦在其所著《百行章》之《孝行章》中写道："孝者，百行之本，德义之基。以孝化人，人德归于厚矣。在家能孝，于君则忠。在家不仁，于君则盗。必须躬耕力作，以养二亲；旦夕咨承，知其安否；冬温夏清，委其冷热；言和色悦，复勿犯颜；必有非理，雍容缓谏。昼则不居房室，夜则侍省寻常。纵父母身亡，犹须追远，以时祭祀，每思念之。"唐代有位名郑氏的夫人，著有《女孝经》一卷，有《孝治》一章，要求士大夫的夫人以孝治家。作者说："古者淑女之以孝治九族也，不敢遗卑幼之妾，而况于娣侄乎？故得六亲之欢心，以事其夫。理闺者，不敢失于左右，而况于君子乎？故得人之欢心，以事其亲。"宋代的王十朋在其《家政集》中，将《继志》作为孝道的核心。作者说："立身扬名，以终孝道。所以继志述事者，莫大于此。至于穷达得失，则有命焉！……若为子不孝，为臣不忠，虽贵为将相，禄享万钟，天下后世，谓之奸臣贼子，适足以贻亲之恶名，而谓之孝，可乎！"同时，作者认为所谓继志不必"不改父之道"，"为人子者，有幸有不幸，故于为父之道，有不可改亦有可改者焉。幸而其父仁且贤，其平生所为皆善，可以取法，则其子当终身遵之不可改也；不幸其父遇且不肖，其生平所为多不善，不足取法，为子者虽有孝思之心，其可成父之恶而遂不改乎！"在儒家伦理中，孝道既是具体的行为准则，也是抽象的行为规范。它以父母和子女间的关系为主要内容，又可以远推至日用人伦中的一切关系。

生活在大家庭或大家族中的人们还需要特别注意兄弟之义，即所谓悌。颜之推的《颜氏家训》有专章论兄弟。作者认为，"兄弟者，分形连气之人也，方其幼也，父母左提右挈，前襟后裾，食则同案，衣则傅服，学则连业，游则共方，虽有悖乱之人，不能不相爱也。及其壮也，各妻其妻，各子其子，虽有笃厚之人，不能不少衰也。……二亲既殁，兄弟相顾，当如形之与影，声之与响；爱先人之遗体，惜己身之分气，非兄弟何念哉？兄弟之际，异于他人，望深则易怨，地亲则易弭……兄弟不睦，则子侄不爱；子侄不爱，则群徒疏薄；群徒疏薄，则僮仆为仇敌矣"。所以儒家伦理特重兄弟间的关系，兄弟间不仅要手足相亲，做弟弟的犹须敬重和爱戴兄长。

此外，儒家伦理还特重夫妇间的和睦。颜之推在其家训中说，"夫有人民而后有夫妇，有夫妇而后有父子，有父子而后有兄弟"。因此，夫妇关系，如同父子和兄弟关系，都是人伦关系的根本。夫妇关系要和睦。史浩在其《童丱须知》的《夫妇篇》中说，"天地生万物，阴阳相配偶。两家因媒妁，是以为夫妇。男贵有器识，不问财薄厚。女贵有贤行，不问色妍丑。二者既相值，家肥得长久。二者傥不然，举动多掣肘。夫无妇承顺，何以事父母？妇无夫应援，何以事姑舅？"因此，夫妇之间特重妇的顺。当为妇的一方不能顺时，则要求丈夫御妻有术。唐人于义方著有《黑心符》一卷，专门教育子孙如何驾驭犯法妻子。作者反复申明的是，"一妻不能御，一家从可知；以之卿诸侯，一国从可知；以之相天子，天下从可知。盖夫夫妇妇而天下正，正家而天下定矣"。有所谓，"修己率下，妻既正，子孙敢不正乎？"

儒家伦理虽然没有一言及于权威，但是它的权威观都寓于士大夫及其家人遵礼仪和行孝义的训诫之中。

（三）儒家伦理的权威保障

诚如韦伯所言，权威作为一种支配方式，其主要的特征在于它有合法性；科耶夫也认为权威与一切强制相抵牾。然而，现实生活中，没有权威可以不需要程度不同的惩罚作为保障。为了保障家、宗族、乡党的持存，为了保证人们能遵礼仪和行孝义，儒家伦理认为惩罚是无可避免的。

初级惩罚是笞怒。颜之推在《颜氏家训》中说，"笞怒废于家，则竖子之过立见；刑罚不中，则民无所措手足。治家之宽猛，亦犹国焉"，又说，"当及婴稚，识人颜色，知人喜怒，便加教诲，使为则为，使止则止。比及数岁，可省笞罚。父母威严而有慈，则子女畏慎而生孝矣"。隋唐时的《陈氏义门家法》对惩罚有更明确的规定，例如，"若恃酒干人及无礼妄触犯人者，各决杖十下"，"不遵家法，不从上令，妄作是非，逐诸赌博，斗争伤损，各决杖十五下，剥落合给衣装，归役一年。改则复之"，"妄使庄司钱谷，入于市廛，淫于酒色，行止耽滥，勾当败斗，各杖二十下，剥落合给衣装，归役三年。改则复之"。

次级惩罚是不许入祠堂或从家谱中除名。明曹端的《家规辑略》上规定，"如果愚顽，终化不省，然后责罚之；责罚不从，度不容，陈之于官而放绝之，仍于宗图上削其名，死生不许入祠堂，三年能改者，复之"。

终极惩罚是送交地方，予以法办。明黄佐的《泰泉乡礼》规定，"凡乡约内有不修之过，犯约之过及社学，社仓，保甲诸人有犯者，约正等督令什五之家，公同甲总以其人拱立于社，伐鼓十声。……抗声攻之曰：'某人有某过，犯而不改，罚赎汝罪，入谷若干于社仓。冀汝自今改于其德，神降之休。'……既罚赎，后五日不改，约众告于神，逐之出社，除名于籍。若不肯罚赎与事情重者，教读及约正等呈于闻于有司。其不闻于有司以致事发觉者，治罪连坐"。

简要地总结一下上面的分析，我们可以发现，儒家伦理中没有十分明确的关于权威的论述，即如韦伯所说的命令和服从的关系。儒家伦理确立了家、宗族和乡党这三类共同体，以及各共同体中具体的伦常关系。维系共同体和伦常的关键是要遵守礼仪，履行以孝悌为核心的伦理义务。为保证共同体以及礼仪和孝义的权威性，儒家伦理又规定了相应的惩罚措施。

还值得注意的是，儒家伦理中并无国家和民族的观念，甚至也没有政府的观念。儒家伦理虽然有忠君的规范，但是，它的君不是一般的抽象概念，而是一个具体的对士大夫本人或他的家族有恩惠和威力的君和君的宗族。忠的基础在于君恩和君威。若是没有事实的君恩和君威，士大夫及其家属则不一定要尽忠。此外，儒家伦理的忠君观与它的孝悌观很相似，就是它不要求士大夫本人的完全奉献和绝对顺从，而总是要受到君本人的德行和他的命令的道义性的限制，即如果君本人缺乏德行或者他的命令不合道义，士大夫总有规谏和抗争的必要。

当我们从儒家伦理走向民族国家观的时候，我们就会发现观念的景观整个发生了变化，前者好似传统的乡村，后者如同现代的大都市。

三 国家民族观的权威观

许多学者认为，民族国家完全是西方现代化进程的产物，是西方现代化进程的内容之一（凯杜里，2002；史密斯，2011；海斯，2005；邵宗海，2011）。相应地，国家民族观或民族主义也是西方现代化进程的内容和产物。在这一部分，我们先分析西方国家民族观所包含的权威观，再分析中国国家民族观中权威观的特征。

（一）西方国家民族观的权威观

1. 主权－国家－民族

主权、国家和民族构成了西方国家民族观中新的"三位一体"。主权是神圣的核心，国家是神圣的形式，民族则是神圣的主体。汉斯－乌尔里希·维勒（2013）认为，现代西方的民族主义承续了西方的弥赛亚传统，即"民族可在这些先知或是救世主的目标带领下，最终踏入'未来民族国家'这块上帝应许的神圣领土"。同时，"镶嵌着民族希望的'神的应许之地'最终变成了'故乡'、祖国和神圣的母国。而民族主义也总是将所谓的民族传统领土神化为命运之神所赐予的神圣居所"（维勒，2013）。由于民族的故土（民族的发源地、真正的祖旧、祖先的遗产、祖先的光荣和伟大、祖先的传统）变得神圣不可侵犯，因此交换和割让这些领土中的某个部分都不再具有正当性。

主权的恰当形式是现代国家。最初的"先锋社会"（荷兰、英国、美国和法国）示范了现代国家的建立过程和现代国家对传统封建王国的绝对优势。特别是在法国革命过程中，新国家的建立无疑成为后来一切民族国家观的典范。1790 年的夏天，法国大众共同欢庆他们的联邦节，即国家的捍卫者们和公民们一起庆祝新法兰西联邦的诞生。法国各地搭起了刻有如下铭文的祭坛："公民为祖国而生，为祖国而死。"（史密斯，2011）随着法国革命的深入，三色旗成为新法国的国旗；《马赛曲》成为鼓舞大众和国家前进的国歌；由上帝和国家宪法赋予代表权的国家领袖代替了旧的法兰西国王。从那时起，建立一个现代国家的愿望和国家至上的观念就成为国家民族观的核心内容之一。

民族是现代主权国家的力量源泉。法国大革命前，西哀士神甫在《第三等级是什么》的小册子中，将第三等级等同于民族，并由此宣告民族主权的诞生，"民族先于任何所有的事物存在并且是所有事物之源。它的意志永远合法，它就是法本身……我们应该将天下的民族理解为身处社会连接之外的个人，或像人们所说的，处于自然状态之中。它们自由行使自己的意志，并且独立于任何市民组织。由于它们的意志只存在于自然秩序之中，因此，只需要拥有自然的特征，就能发挥它们意志的全部效力。无论民族用什么样的方式表达自己的意志，只需要表达即可；所有的形式都是正确的，而且民族的意志永远是最高的法律"（史密斯，2011）。

2. 民族国家与个人

现代民族国家观认为，个体只是民族国家的一个环节，而民族国家作为整体，先于、重于并且大于任何个体以及任何个体组成的部分。照德国哲学家费希特的意见，世界"是一个有机整体，没有其余组成部分的存在，这个整体的任何组成部分也不存在；它不能逐渐产生，但是只要它存在，无论在什么时期，它肯定是完整地出现在那里"。费希特在《现时代的特征》中还强调，"一个始终寻求增强其内在力量的国家因此被迫期望逐渐废除所有的偏袒，并为所有人建立平等的权利，其目的在于，国家本身可以行使它自身真正的权利——为促进它自身的目标的实现，毫无例外地运用其全体公民的全部剩余力量"（凯杜里，2002）。在这种观念下，个人本身是虚幻的。他们只有通过自身在整体事业中的位置和作用，才能获得现实性。个人欲实现自我的自由，也只有通过融入整体事业中，才能获得。个人只有与国家成为一体，才能过上充实、自由和美满的生活。

3. 教育和纪律作为手段

现代民族国家观认为，语言是将一个民族区别于另一个民族的外在的、可见的标志，也是一个民族被承认生存和拥有建立自己的国家和权利所依据的最重要的标准。基于此种观念，操有一种本地语的人构成了一个自然的民族。进而，一个民族必须操有同一种语言。如果说语言的统一和纯洁构成了民族国家认同的内在的、一致的基础，那么真正作为国家和民族保障的则是教育和纪律。费希特在《对德意志民族的演讲》中谈到，"直到我们有了一批受到有关既定原则教育的教师，才会出现一种稳定的政治局面。如果人民没有在最早的时期接受有关他们是应当成为共和主义者还是保王党人，是基督徒还是异教徒的教育，这个国家就不能严格地被称为一个民族"。作者还提议，"保持德意志民族存在的唯一方法是彻底变革现存的教育制度"，"新的教育必须提供旧制度中所缺乏的东西，即一种渗透到有生命的刺激和行动之根本的影响力"（凯杜里，2002）。学校要像军队、警察和金库一样成为国家政策的工具。这样，一个执行了民族主义教育政策的国家可以"使一个民族武装起来，这个民族不会被任何强大的力量所击败"。民族主义教育要将对国家的热爱植入大众的心灵。因此，教什么和怎么教、禁止什么和变革什么成为国家的政策问题。

纪律是实现民族国家理想的另一主要手段。1772 年，当波兰受俄罗斯、普鲁士和奥地利等邻国的劫掠威胁时，应一位波兰贵族的请求，卢梭写了一本小册子，名为《论波兰的治国之道和波兰政府的改革方略》。作者认为，如果一个国家要具有内聚性和持续性，人们必须被训练得遵守纪律（凯杜里，2002）。这样做不是因为他们感觉到他们有相应的责任或要追求特定的利益，而是因为他们不能期望或打算做法律没有规定的任何事情。依照韦伯对纪律的定义，"所谓纪律，所指无它，是即：所受命令被彻底理性化地执行，换言之，计划周全地、事前整备地、精确地、无条件地排除一切个人评论地执行所受命令，并且，一切内在的志向始终完全贯注于此一目标"（韦伯，2004）。纪律的主要特征在于调教，即通过围绕既定目标的有效训练，使得行动达到机械化程度的熟练，并由此取代个人表现出英雄般忘我、恭顺、对领导者个人的狂热激情与献身，以及对名誉的崇拜和对个人能力的艺术般的培养。

（二）中国国家民族观的权威特征

照汉斯－乌尔里希·维勒的分类，中国的国家民族观属于移植型（维勒，2013）。在清朝晚期因应外来殖民危机的情况下，它由知识精英从日本和欧美现代国家引入，经由中国革命而生根发芽。因此，中国的国家民族观既含有西方国家民族观的内容，又有自身的特征。

1. 耻辱、自卑和富强

美国汉学家白威廉说，"百年来，中国在应付外在动荡世界的挑战上，所遭受的主要困难，乃是中国人无法将其伟大传统文明所显现的成就，与其社会必须做基本上改造的要求加以调和。按单线式的推理，伟大一定产生伟大"（白威廉，1970）。事实上，晚清时，最先接受西方国家民族观的士大夫，如王韬、伍廷芳等最初感受到的是不平等条约和割地赔款等西方列强殖民行径带来的耻辱感。例如，1859年，第一次鸦片战争期间，王韬对中国的投降蒙辱感到十分愤怒，并责备中国的高官对广州的未来和前两广总督叶名琛的命运毫不关心。

耻辱感最易产生自卑心。哲学家冯友兰在其《新事论》的《辩城乡》一文中写道："中国自周秦以来，对于四围别底民族，向来是处于城里人的地位。自周秦以来，中国向来是城里，四围别底地方向来是乡下。虽然有几次乡下人冲进城里来，占据了衙门，抓住了政权，但是这些乡下人，终究是乡下人。……所以在我们的心目中，中国人是惟一底城里人……在现在整个底世界，西方成了城里，东方成了乡下，所以我们中国虽有的是原料，而制成品却须往外国买。我们有麦子，而所谓洋面渐渐压倒本地面。我们有棉花，而所谓洋布渐渐压倒土布。所谓洋面，洋布，以及一切所谓洋货者，正确地说，实即是城里底面，城里底布，城里底货而已。所谓中国人用西洋人的制成品者，实即是乡下人进城里办货而已。所谓中国人往西洋留学者，实即是乡下人进城里办货而已。所谓中国人往西洋留学者实即乡下人进城学乖而已。所谓中国人往西洋游历者，实即是乡下人往城里看热闹而已。"（冯友兰，2001）将自己的行为处处视作乡下人的粗野，将西洋的种种视作城里人的文明，无疑是自卑心作祟的结果。

耻辱感和自卑心混合在一起激发出图强的要求。没有别的要求比这个要求更迫切，更具有压倒一切的地位。许多国家民族观的言辞都可以反映图强的要求，但是自晚清以来，一直能鼓舞中国人的莫过于梁启超的"少年中国说"。所谓"少年智则国智，少年富则国富；少年强则国强，少年独立则国独立；少年自由则国自由；少年进步则国进步；少年胜于欧洲，则国胜于欧洲；少年雄于地球，则国雄于地球"（梁启超，1999）。富强虽然是近现代一切民族国家观的内在要求，但是恐怕少有其他民族或国家，如我们这般将之置于一个绝对的地位。何以如此呢？我们认为，这可能与中国文化所遭受的耻辱和传统中国无力因应外辱所引致的自卑有内在的关系。

2. 排抵、传统和反传统

排抵意味着排斥和抵抗。我们有理由认为，从最开始的排满和反帝，排抵的观念贯穿中国国家民族观演进的始终。章太炎是晚清排满反帝的旗手和巨擘。他说："言种族革命，则满人为巨敌，而欧美少轻，以异族攘吾政府者，在彼不在此也。若就政治社会计，则西人之祸吾族，其烈千万倍于满洲。"在章太炎看来，清廷阻止汉族对自身的统治，所以是汉人的大敌；而就中国文化的存续而论，欧美列强又比清廷更需加以排抵。

继承传统和反对传统同时构成了中国国家民族观的特征。继承传统者要求从传统文化中找寻资源来建设民族国家，特别是通过文化历史传统和政治历史传统的重新构建，来奠定一切集体行动的合法性。由此产生的一个基本的观念是，中国应当效法西方的法律和政治制度，但是中国传统的哲学、伦理和维系历史社会的基本原则都是根本不可变的，即张之洞的"中学为体，西学为用"的原则。

在中国的国家民族观中，有诉诸传统的，也有求助于反传统的。反传统的基本内涵是，一切传统的东西都是老旧无用的，是限制国家民族发展的，应当予以摒弃。当中国的国家民族观兴起的时候，反传统的内容极为多样丰富。一个极端的设想是废除中国的文字和语言。例如，钱玄同在《中国今后之文字问题》中提出，"欲废孔学，不可不先废汉文；欲驱除一般人之幼稚的野蛮的顽固的思想，尤不可不先废汉文"。作者还大胆宣言，"欲使中国不亡，欲使中国民族为二十世纪文明之民族，必以废孔学，灭道教为根本之解决；而废记载孔门学说及道教妖言之汉文，尤为根本解决之根本解决"。在图强的现实要求下，中国的国家民族观先天地染上了排抵的特征，有时求助于传统的权威，有时求助于反传统的力量。

3. 革命

在中国的国家民族观中，革命是实现国家民族富强的手段。与现实权威相关的一切教育和组织行为，如瓦解旧的权威、设立新的权威，都要遵从革命观念的指导。孙中山的短文《改造中国之第一步只有革命》非常能说明革命观念的内容和地位。孙中山在该文中陈言，由于中国政治的腐败，非要改造中国不可，而改造中国的办法，有人提出以教育为立国的先导，有人提出以兴办实业，救多数人生计为急务，还有人以提高人民的自治能力为立国根本，但是，这些都不现实，要实现中国的改造，"在兄弟意思，只有革命。革命两字，有许多人听了，觉得可怕。但革命的意思，与改造是完全一样的，先有了一种建设的计划，然后去做破坏的事，这就是革命的意义。譬如我们要建筑一所新居，须先将旧有的结构拆卸干净，并且从地底打起地基，才能建筑巩固的屋宇。不这样办去，便是古代建筑方法，不适用于今日。八年以来的中华民国，政治不良到这个地位，实因为单破坏地面，没有掘地底陈土的缘故"。一种革命的观念、一种以革命为实现国家民族富强的唯一手段的观念深入而广泛地植根于中国的国家民族观之中。

四　危机与融合

经上述对儒家伦理和国家民族观中权威观的分析，在这一部分，我们进一步比较两者的异同，以及它们的现实与可能的融合。

表 1　儒家伦理与国家民族观的权威观之异同

权威观的异同	儒家伦理	国家民族观
权威的基础	生活共同体	行动共同体
权威的性质	相对而具体	抽象而绝对
权威的手段	保障性手段	形塑性手段
实现的方式	典范参照	典范参照

儒家伦理的权威观和国家民族观的权威观在权威的基础、性质和手段方面有着根本的区别，但是，就权威实现的方式而言，二者又有相同的特征。

先比较相异的方面。

首先，两种权威观的一个显著区别在于，儒家伦理的权威观的基础是生活共同体，而国家民族观的权威观的基础是行动共同体。

生活共同体是指：共同体的成立源自生存和文化的需要，而共同体的主要功能也在于为生活于其中的人们提供生活的支持和意义。通过对儒家伦理的分析，我们发现，儒家伦理的权威基础是家共同体、宗族共同体和乡党共同体，而这些共同体都是生活共同体。生活在这些共同体中的成员，作为共同体的一分子，有义务为共同体的维系、绵延和繁荣做出贡献。当家庭、宗族和乡党成员的行为对共同体的存续起破坏作用时，儒家伦理又要求对破坏者进行规诫和惩罚。

国家民族观所界定的共同体是一个行动的共同体。它通过共同的理想和目标将所有可能的成员联合在一起，并致力于这些理想和目标的实现。这些理想和目标可能包括：民族国家的建立、民族的独立、民族国家的富强或世界霸权的获取。国家民族观要求民族国家的成员首先为自己的民族国家设定需要实现的理想和具体目标，并要求所有成员的意志统一在这一理想和目标之下，还要为实现它们贡献自己和他人全部的热情、忠诚和力量。

其次，儒家伦理的权威观是相对而具体的，而现代国家民族观的权威观是绝对而抽象的。

在儒家伦理中，我们很难发现如韦伯所言的命令和服从的意识。儒家伦理规定了父子、兄弟、夫妇和君臣等具体的权威关系，但是，这些具体关系中没有一对含有绝对的命令和服从的意思。以父子关系为例。（1）父母对子女的命令有相对性。儒家伦理规定：父慈而子孝。这意味着，父母对子女虽有命令的权利，但是，父母自身还需先履行抚养和教育子女的义务，并以身垂范儒家的伦理准则。子女应当听从父母的训示，顺从父母的意愿，但是，当父母的训示和意愿不符合儒家伦理时，子女要规劝父母，勿使父母做有违伦理的错事。（2）父对子的权威来源无绝对性。父对子的权威来源主要有家系传统、家产支配和道德示范。然而，在这三项中，没有一项能支撑父的绝对权威。父在家系上先于子，但是，如果子取得了父无可比拟的荣耀地位，父在家系中的地位就未必高于子的家系地位。父虽有家产的支配权，但家产的支配是为了维系家的绵延。因此，这种支配权不是绝对的。父亲的道德示范作用更是有相对性的。因为普通人很难做到事事符合儒家伦理的道德标准，总会犯错误。所以，子女对父母的恭顺总要依照具体的境况和具体的事件而定。（3）笞怒等保障手段也不能确保子女的绝对服从。儒家伦理规定，父母有杖责子女的权利，但是，它又规定，子女对于父母的责罚，"小杖则受，大杖则逃"。此即，如果父母的责罚只伤及皮肉，子女应当忍受；如果父母的责罚可能导致伤残甚或死亡，子女就应当及时逃开。因为，子女若一味忍受，不仅会导致父母触犯律法，还可能引起他们的悔恨，也是不孝的行为。与之相似，在儒家伦理中，其他任意一对伦理关系都不含有绝对命令的权利和绝对服从的义务，亦即，它所规定的一切权威关系都要根据具体的环境、条件和事件本身的性质来确定。

反观国家民族观，其权威占有者是抽象的主体，且被赋予了绝对的权威。国家民族观规定的权威占有者是主权－国家－民族的联合体。这个联合体完全是一个抽象的理念存在，是一个永远都有待实现的理想。然而，正是这样一个抽象的存在被赋予了绝对权威。它要求所有现实的和可能的成员服从它的绝对意志，以全部的热情和绝对的忠诚，为其贡献全部力量和生命。迄今为止，没有一种观念像国家民族观那样，要求绝对至上的权威。在中国的国家民族观中，这种绝对至上的权威表现在对民族国家富强的不懈追求的理想中。

最后，儒家伦理的权威依赖于保障性手段，而国家民族观的权威则通过形塑性手段得到实现。

儒家伦理提倡的一系列惩罚手段都属于保障性手段，其目的在于维护整个生活共同体的存续，并促使共同体成员遵礼仪和行孝义。因此，只有当生活共同体的成员确实破坏了生活的伦理次序，违背了他们所应遵循的礼仪和孝悌忠义等伦理义务的时候，笞怒等惩罚手段才会被应用。惩罚是为了维护共同体的权威，并促成伦理秩序的恢复。

在国家民族观中，确保主权－国家－民族的绝对权威得以实现的第一位的手段是教育。国家民族观认为，教育的主要目的不在于继承传统或培养一个文化人，而在于将主权－国家－民族的存在，及其理想和目标的实现铸入被教育者的整个身心，成为被教育者自己的意愿、信念和情感，同时，给予被教育者实现理想和目标必备的知识和技能。第二位的手段是纪律。纪律依照特定的标准，通过反复的和机械的训练，一方面，将人变成一种自动服从的机器，迫使个体下意识地或自觉自愿地将集体的目标作为个体的目标去实现；另一方面，纪律通过不断地开发被训者的潜能以及对情感的自控能力，提升被训者完成特定行为和任务的能力。

就实现的方式而言，两种权威观又有相似性，即都要求普通人的行为参照典范的行为。典范如同字帖。参照典范的行为，就像初学者在练字时，一定要临帖。比如，儒家伦理要求人人尽孝，但是，对怎样做才算尽孝没有明文规定。士大夫和普通人只有通过学习孝的故事和模仿孝的行为，才可能尽孝。儒家伦理规定的其他人伦关系同样要依赖典范的存在。典范的存在给了现实生活中的普通人学习和模仿的榜样。国家民族观的权威实现也一样要依赖典范的造就和对典范的模仿。民族和国家的英雄就是这类典范。他们听命于祖国命运的召唤，将自己的意愿、热忱、忠诚和力量全部献予他们的国家和民族。因此，从实现方式的抽象角度看，两种权威观的权威实现方式都是典范参照。

两种权威观由于在基础、性质和手段方面存在根本的区别，因此常常造成普通中国人在权威认同过程中，有冲突和危机。然而，在现实生活中，两种权威观又有融合。

一种典型的融合方式是绝对恭顺。照韦伯的理解，恭顺不同于服从。恭顺是以被支配者对支配者的个人情感和伦理义务为基础的权威关系。服从则是基于抽象的规则，有客观性、即事性和计算性的特征。依照恭顺和服从的区别，我们可以说，儒家伦理要求被支配者恭顺。如前文的分析，儒家伦理的权威性质是相对而具体的，所以儒家伦理的恭顺又是相对而具体的恭顺。当儒家伦理的恭顺同国家民族观的抽象而绝对的权威相结合时，绝对恭顺就产生了。绝对恭顺一方面要求被支配者完全顺从权威占有者的意愿和命令；另一方面，权威占有者的意愿和命令的实现借助的不是被支配者对抽象规则的认知、对事件的客观判断和理性的计算，而是被支配者对权威占有者的个人情感和伦理义务。权威占有者的权威是绝对的，被支配者则以恭顺的方式因应权威占有者的意愿和命令。这种融合看似有矛盾，但却是现实的。

当然，还可能有另外的融合方式。儒家伦理的权威基础是生活共同体。只要人们还生活在家庭、亲属群体和社区之中，儒家伦理的权威观就能够继续发挥维系共同体存续和赋予共同体秩序的作用。由此产生的一种可能的融合方式是：通过赋予儒家伦理新的内涵和生命，来教育普通人超越民族国家的界限，将人类视为一个完整的生活共同体，并引导和规范每个人的行动服务于这个大共同体的持存和有序。

参考文献

白威廉，1970，《中国现代化过程中的权威危机》，徐火炎译，载金耀基等《中国现代化的历程》，（香港）时报出版社。

冯友兰，2001，《三松堂全集·第 4 卷》，河南人民出版社。

海斯，2005，《现代民族主义演进史》，帕米尔等译，华东师范大学出版社。

胡涤非，2009，《民族主义与近代中国政治变迁》，知识产权出版社。

凯杜里，2002，《民族主义》，张明明译，中央编译出版社。

梁启超，1999，《梁启超全集》第 2 卷，张品兴主编，北京出版社。

邵宗海，2011，《致命的感染力：中国现代民族主义对台湾的冲击》，（台北）韦伯文化国际出版有限公司。

史密斯，2011，《民族主义——理论、意识形态、历史》，叶江译，世纪出版集团。

王利器，1996，《颜氏家训集解》，中华书局。

韦伯，2004，《韦伯作品集（三）：支配社会学》，康乐、简美惠译，广西师范大学出版社。

维勒，2013，《民族主义：历史、形式、后果》，赵宏译，中国法制出版社。

亚历山大，2011，《权威的概念》，姜志辉译，译林出版社。

赵振，2014，《中国历代家训文献叙录》，齐鲁书社。

朱维铮，1982，《中国现代思想史资料简编》（第一卷），蔡尚思主编，浙江人民出版社。

Brubaker, R. & Cooper, F. (2000). Beyond "Identity". *Theory and Society*, 29 (1), 1–37.

Malesevic, S. (2006). *Identity as Ideology: Understanding Ethnicity and Nationalism.* New York: Palgrave Macmillan.

Vecchi, B. & Z. Bauman. (2004). *Identity: Conversations with Benedetto Vecchi.* Cambridge: Polity Press.

《中国社会心理学评论》投稿须知

　　《中国社会心理学评论》是由中国社会科学院社会学研究所主办的学术集刊。本集刊继承华人社会心理学者百年以来的传统，以"研究和认识生活在中国文化中的人们的社会心理，发现和揭示民族文化和社会心理的相互建构过程及特性，最终服务社会，贡献人类"为目的，发表有关华人、华人社会、华人文化的社会心理学原创性研究成果，以展示华人社会心理学研究的多重视角及最新进展。

　　本集刊自 2005 年开始出版第一辑，每年一辑。从 2014 年开始每年出版两辑，分别于 4 月中旬和 10 月中旬出版。

　　为进一步办好《中国社会心理学评论》，本集刊编辑部热诚欢迎国内外学者投稿。

　　一、本集刊欢迎社会心理学各领域与华人、华人社会、华人文化有关的中文学术论文、调查报告等；不刊登时评和国内外已公开发表的文章。

　　二、投稿文章应包括：中英文题目、中英文作者信息、中英文摘要和关键词（3~5 个）、正文和参考文献。

　　中文摘要控制在 500 字以内，英文摘要不超过 300 个单词。

　　正文中标题层次格式：一级标题用"一"，居中；二级标题用"（一）"；三级标题用"1"。尽量不要超过三级标题。

　　凡采他人成说，务必加注说明。在引文后加括号注明作者、出版年，详细文献出处作为参考文献列于文后。文献按作者姓氏的第一个字母依 A－Z 顺序分中、外文两部分排列，中文文献在前，外文文献在后。

　　中文文献以作者、出版年、书（或文章）名、出版单位（或期刊名）排序。

　　例：

　　费孝通，1948，《乡土中国》，三联书店。

　　杨中芳、林升栋，2012，《中庸实践思维体系构念图的建构效度研究》，《社会学研究》第 4 期，第 167~186 页。

外文文献采用 APA 格式。

例：

Bond，M. H.（Ed.）（2010）. *The Oxford Handbook of Chinese Psychology*. New York，NY：Oxford University Press.

Hong，Y. Y.，Morris，M. W.，Chiu，C. Y.，& Benet-Martinez，V.（2000）. Multicultural minds：A dynamic constructivist approach to culture and cognition. *American Psychologist*，55，709 - 720.

统计符号、图表等其他格式均参照 APA 格式。

三、来稿以不超过 15000 字为宜，以电子邮件方式投稿。为了方便联系，请注明联系电话。

四、本集刊取舍稿件重在学术水平，为此将实行匿名评审稿件制度。本集刊发表的稿件均为作者的研究成果，不代表编辑部的意见。凡涉及国内外版权问题，均遵照《中华人民共和国版权法》和有关国际法规执行。本集刊刊登的所有文章，未经授权，一律不得转载、摘发、翻译，一经发现，将追究法律责任。

五、随着信息网络化的迅猛发展，本集刊拟数字化出版。为此，本集刊郑重声明：如有不愿意数字化出版者，请在来稿时注明，否则视为默许。

六、请勿一稿多投，如出现重复投稿，本集刊将采取严厉措施。本集刊概不退稿，请作者保留底稿。投稿后 6 个月内如没有收到录用或退稿通知，请自行处理。本集刊不收版面费。来稿一经刊用即奉当期刊物两册。

中国社会心理学评论编辑部

主编：杨宜音

主办：中国社会科学院社会学研究所

联系电话：86 - 10 - 85195562

投稿邮箱：ChineseSPR@ 126. com

邮寄地址：北京市东城区建国门内大街 5 号中国社会科学院社会学研究所中国社会心理学评论编辑部，邮编 100732

Chinese Social Psychological Review
Vol. 12

Table of Contents & Abstracts

Abstract: The launch of the psychological research program on culture mixing has inspired research into psychological and behavioral processes accompauied by globalization-initiated socio-cultural changes, as well as transformations in contemporary China. This volume contains eight empirical papers that cover a broad range of theoretical questions. These papers explore various psychological phenomena in the context of culture mixing, including the influence of status perception on creativity, cultural values and cognition about inter-ethnic relations, the process of cultural adaptation, the cultural exclusion effect, political efficacy, cultural norms and authority identification. In this introductory essay, we highlight the social relevance of these contributions and discuss the significant implications of psychological research of culture mixing for understanding the social development in China.

Key words: psychological studies of culture mixing; society development in China; social change; external validity

Abstract: The present research focus on the influence of disadvantaged group members' perceived status on their creativity under the condition of culture mixing. We explored the mechanism of such impacts based on two types of intercultural status perceptions, i. e. , a balanced orientation based on perception of equal status and an imbalanced orientation based on perception of lower status. The results supported a positive relationship between the balanced orientation and individuals' creative performance. Firstly, women's creativity increases when they perceive an equal gender status in mixed gender context. Similarly, Chinese students' creativity also increases when they perceive an equal intercultural status in the context of China and US cultural mixing. Secondly, independent self-construal moderates the positive relationship between status perception and creativity. Individuals with higher levels of independence are more likely benefit from equal status perception when they perform a creativity task. Thirdly, aside from personal trait, social cognitive reactions caused by status perception can also increase creativity. The reduced need for group belonging mediates the positive relationship between equal status perception and creativity. The cultural implications of these results are discussed.

Key words: poly-culturalism; culture mixing; perception on status; balanced and imbalanced orientation; individual creativity

Out-group Perception, Stereotype and Cultural Attachment: The Mediating Role of Psychological Essentialism of Ethnicity

Li Aijuan, Yang Yisheng / 37

Abstract: The present study aimed to explore the relationship among the psychological distance between different ethnic groups, difference of the social classes and stereotype, and examines the mediating effect of psychological essentialism of ethnicity between stereotype and cultural attachment. A sample of 303 Mongolian college students was recruited in the study to complete ethnic distance, social classes, stereotype, psychological essentialism of ethnicity and cultural attachment questionnaire. The results indicated that: (1) the felling of the ethnic distance, difference of the social classes influenced the stereotype; (2) there was the mediating effect of psychological essentialism of ethnicity between stereotype and cultural attachment. Practical implications of these results imply that controlling out-group perception and holding more social constructivist belief can be used as the vehicle for improving ethno-national relations and cross-cultural adjustment.

Key words: ethnic divergence; stereotype; cultural attachment; psychological essentialism of ethnicity

Affective Attributes, Impact and Buffering Mechanism of Acculturation for CSL Learners with Culture Mixing Background

Wu Qiuping, Hu Guimei / 52

Abstract: The present research investigates the acculturation attributes and psychological mechanism of Chinese Second Language (CSL) learners living in China. Three empirical studies are carried out with questionnaires designed on the basis of the framework of culture mixing and acculturation theory. In Study 1, a case of emergent psychological crisis is described and the symptoms of culture shock are analyzed through in-depth interview. Study 2 is a preliminary investigation among a sample of 52 foreign students who were studying Chinese in Guangzhou. The results show that acculturation of CSL learners follows a U-shape curve, which is mainly caused by their feeling of homesick and anxious attachment relationship with the Chinese culture. Study 3 examines the impact of acculturation on CSL learners and how they reduce acculturation stress. A total of 110 foreign students in Beijing and Guangzhou participated in the internet-based survey. A mediation analysis was conducted, and the results showed that homesick triggered anxiety and tension about Chinese culture, followed by a sense of acculturation stress, which further affected their cultural exploration, cultural commitment and learning satisfaction in China. Nevertheless, this stress can be partially reduced by the experience of active Chinese culture exposure, especially making good friends with Chinese.

Key Words: CSL learner; Culture Mixing; Acculturation; Cross-Cultural Communication

When the Rich Multicultural Experience Enhances Exclusionary Reactions toward Foreign Cultures: The Role of Openness and Heritage Culture Identification

Hu Yangyi, Wei Qingwang, Chen Xiaochen / 73

Abstract: Multicultural experience is a double-edged sword. It may enhance the integrative reactions among open-minded individuals, but it can also evoke exclusionary reactions toward foreign cultures. 91 Chinese undergraduates with few or relatively extensive multicultural experience evaluated a print ad of

McDonald's plan to open a shop at the Great Wall. Among those who have less extensive multicultural experience, openness was not related with their attitude toward the McDonald's. Among those who have more extensive multicultural experience, openness was associated with a higher level of negative attitude to the McDonald's. The interactive effects of multicultural experience and openness were more likely to occur for individuals who identified more strongly with Chinese culture. Qualitative analysis based on in-depth interviews with participants showed that the exclusionary reactions toward McDonald's arose from effortful instead of reflexive cognition. These results challenge the current in culture-mixing studies that integrative reactions result from effortful information processing and exclusionary reactions from reflexive information processing.

Key Words: multicultural experiences; openness; exclusionary reactions; cultural identity.

Bidirectional Acculturation and Psychological Adaptation of Migrant Children: The Mediation of Family Function.

Zhang Chunmei, Zhu Wenwen / 93

Abstract: A total of 403 migrant children from three public primary schools in Wuhan were surveyed to explore the mediating effect of family function between the acculturation and psychological adaption. Results showed that the mean level of acculturation of migrant children was in the moderate level, and the mean level of acculturation to urban culture was higher than that to rural culture. The level of acculturation to urban culture had positive direct effect on self-esteem and life satisfaction, and had positive indirect effect on the same outcome variables via the mediating effect of family function perceived by migrant children. The level of acculturation to rural culture has positive direct effect on life satisfaction, and indirect effect via the mediating effect of family function on life satisfaction.

Key words: migrant children; family function; bidirectional acculturation; psychological adaption

When Tradition Encounters Modern: The Effect of Cultural Exclusion Effect on the Modernization of Chinese Heritage Brands   *Zhou Yijin* / 110

Abstract: Cultural Exclusion Effect Theory predicts that when two or more cultures or their symbols are put in the same space at the same time (cultural mixing), individuals will instinctively reject the mixing of culture. Modernization of Chinese heritage brands entails cultural mixing of modern and traditional cultures. Will the cultural exclusion effect affect consumer's evaluation of Chinese heritage brands? Through two experiments, the current research demonstrates that when they encounter blending of modern and traditional cultures, consumers perceive greater discrepancies between them, and the exclusion effect occurs: consumers lower the evaluation of the modernized heritage brands. However, there was a moderator of this effect—cultural compatibility. When the modern and traditional elements are culturally compatible with each other, the exclusion effect disappears. These results confer new insights on the Cultural Mixing Theory, the Brand Extension Theory, and the Brand Revitalization Theory. In practice, the results have implications for the revival of Chinese heritage brands as well as traditional Chinese culture.

Keyword: cultural exclusion effect; Chinese heritage brand; cultural mixing; traditional culture; modern culture

A Study on the Influence of the Individualization of Society upon Political Cognition and Political Efficacy in the Perspective of Group-self Relation

Zhang Shuguang / 131

Abstract: The present research aims to study the cultural specificity and internal mechanism of political efficacy, and to explore the influence of "individulization of society" (IS) upon political participation against the background of co-existence of Chinese and Western cultures. The paper starts by constructing a model that depicts the influence of the dispositions of individualization (DI) or the concomitant psychological dispositions of IS upon "political efficacy" with "political cognition" as a mediator variable, and decomposing the constructs of "political cognition", analyzing the relationship between "political cognition" and "political efficacy" in Chinese and Western cultures, and on these bases put forward some related hypotheses. Eventually, the paper tests these hypotheses with an adult sample aged between 18 and 70. The data came from the Chinese general social survey in 2010 ($N = 10771$). The results show that IS has some effect on political efficacy, especially "internal political efficacy", directly or in-

directly. In this analysis, the two kinds of political cognition—— "relational du-
ty and (human) bonding-centered political cognition" and "legal right-centered
political cognition" was the intervening variable. The results offer a better under-
standing of the complexity of political participation in the process of IS in Chinese
context.

Key words: individualization of society; political cognition; political effi-
cacy; group-self relation; Chinese and Western cultures

Confucius Ethics, Nationalism and the Crisis of Identify of Authority

Zhao Feng / 150

Abstract: There are two conflicting views of authority relations in Chinese
society: Confucian ethics and modern nationalism. Confucian ethics requests that
the relativistic and specific authority relations between members in the community
be realized by the protective means supporting the authority relations. In contrast,
nationalism advocates the actualization of the abstract and absolute authority of the
state on members' through shaping its members's collective action. An identity cri-
sis arises from the conflict between these two views of authority. This crisis invites
consideration of new possibilities of blending their two views.

Key Words: Confucius ethics; nationalism; authority identity

图书在版编目（CIP）数据

中国社会心理学评论. 第 12 辑 / 杨宜音主编. -- 北京：社会科学文献出版社，2017.6
ISBN 978 - 7 - 5201 - 0704 - 4

Ⅰ. ①中… Ⅱ. ①杨… Ⅲ. ①社会心理学 - 研究 - 中国 - 文集 Ⅳ. ①C912.6 - 53

中国版本图书馆 CIP 数据核字（2017）第 081399 号

中国社会心理学评论 第 12 辑

主　　编 / 杨宜音

本辑特约主编 / 吴　莹　赵志裕

出 版 人 / 谢寿光
项目统筹 / 佟英磊
责任编辑 / 佟英磊　崔晓璇

出　　版 / 社会科学文献出版社·社会学编辑部（010）59367159
　　　　　　地址：北京市北三环中路甲 29 号院华龙大厦　邮编：100029
　　　　　　网址：www. ssap. com. cn
发　　行 / 市场营销中心（010）59367081　59367018
印　　装 / 三河市东方印刷有限公司

规　　格 / 开 本：787mm × 1092mm　1/16
　　　　　　印 张：11.5　字 数：204 千字
版　　次 / 2017 年 6 月第 1 版　2017 年 6 月第 1 次印刷
书　　号 / ISBN 978 - 7 - 5201 - 0704 - 4
定　　价 / 59.00 元